KB247872

________________________님께

화장품 회사가 당신에게 알려주지 않는 비밀을

알아보시기 바랍니다.

성 명 ________________________

연락처 ________________________

why! 기능성 화장품을 선택할까?

개미와베짱이

why! 기능성 화장품을 선택할까?

1판 1쇄 인쇄 ┃ 2013년 05월 03일
1판 2쇄 발행 ┃ 2013년 05월 10일

지은이 ┃ 최병진
발행인 ┃ 이용길
발행처 ┃ 개미와베짱이

관리 ┃ 정윤
디자인 ┃ 이룸

출판등록번호 ┃ 제 396-2004-000095호
등록일자 ┃ 2004. 11. 9
등록된 곳 ┃ 경기도 고양시 일산동구 호수로(백석동) 358-25 동문타워 2차 519호
대표 전화 ┃ 0505-627-9784
팩스 ┃ 031-902-5236
홈페이지 ┃ http://www.moabooks.com
이메일 ┃ moabooks@hanmail.net
ISBN ┃ 978-89-92509-23-7   13300

화장품 고민을 해결해주는 똑똑한 뷰티 가이드

why!
기능성
화장품을
선택할까?

최병진 지음

개미와베짱이

화장품, 제대로 알아야 예뻐진다!

불황일수록 립스틱이 잘 팔려나가는 것을 '립스틱 효과'라고 한다. 타인의 눈에 아름답게 보이고자 하는 욕구는 인간의 중요한 본능이며, 특히 여성들에게는 중요한 욕구이다. 이 때문에 여성들은 화장뿐만 아니라 헤어스타일, 옷차림, 심지어는 성형수술 등으로 외모에 다양한 변화를 주고 개성을 드러내려 한다.

물론 옷차림이나 헤어스타일의 변화, 성형수술도 아름다워지기 위한 한 방편이겠으나, 그중에서도 화장은 가장 대중적이고 손쉬운 치장 방법일 것이다. 눈에 띄지 않는 평범한 얼굴을 가진 사람도 피부를 곱게 가꾸고, 어울리는 화장법을 터득하는 것만으로도 얼마든지 더 아름다워질 수 있기 때문이다.

불황일수록 립스틱이 잘 팔리는 것도 그런 이유에서이다. 얇아

진 지갑에 비싼 옷이나 성형수술을 선택하기보다는 화장품으로 잘 치장하는 편이 지출 대비 만족도가 월등하게 높기 때문이다.

화장품, 따져보고 바르고 있는가?

하지만 비단 불황이 화장품 판매고를 높인 유일한 원인은 아니다. 한국 여성은 본래부터 평소에 가장 많은 화장품을 소비하는 것으로 유명하다.

한 리서치 회사가 화장품 사용 개수와 관련해 설문조사를 한 결과, 우리나라에서 화장품을 가장 많이 소비하는 30대 여성의 경우 하루 평균 8개의 기초 제품, 색조는 무려 평균 7개를 사용하는 것으로 조사되었다.

물론 매일 화장하는 사람이라면 "그럴 수도 있지" 고개를 끄덕이게 된다. 매일 아침저녁으로 최소 두 번씩 기초 제품을 바르고, 메이크업을 하고 출근하며, 저녁 약속 전까지 한두 번 화장을 고치고, 집에 들어와서는 샤워하고 바디용품을 바른다면 크게 애쓰지 않아도 화장품 사용 개수가 하루 20개를 거뜬히 뛰어넘게 될 것이다. 즉 지나치게 많은 양의 화장품을 사용하는 것이 자연스러운 일상으로 자리 잡힌 셈이다.

나아가 남성들의 화장 빈도가 증가하고 초등학생이나 중고등학생도 화장품을 구입해 사용하는 추세라는 점에서, 이제는 화장품에 대한 정확한 인식과 지식이 필요할 때라는 데 이의가 없을 것이다. 그러나 막상 현실은 그렇지 않다.

하루 많게는 20개 이상을 사용하는 화장품에 대해, 그 원료가 무엇이며, 사용법과 사용량은 어느 정도가 적당하며, 건강에 해악을 주지는 않는지, 과연 광고만큼 효과가 있는지 따져보는 사람은 과연 몇이나 될까?

올바른 화장품 사용법, 제대로 알자

최근 화장품 사용에 적신호가 켜졌다. 바로 화장품들에 포함된 화학물질이다. 화장품을 사용하면 아무리 소량이라도 화장품에 포함된 물질이 피부를 통해 침투하게 된다. 즉 유독성 물질을 포함한 하루 20개 정도의 화장품을 바르는 사람은 비록 소량일지라도 20번이나 독성 성분을 몸에 흡수시키는 셈이다.

게다가 광고에 혹해 해당 화장품만 바르면 아름다워질 것이라 믿는 이들도 적지 않다. 물론 최근의 화장품 기술은 그야말로 크나큰 진보를 이루었고, 피부 노화 현상을 혁신적으로 방지하는

데 성공하고 있다. 즉 제대로 된 화장품을 골라 사용하는 것만으로도 피부 노화를 늦춰 더 젊어 보이고 아름다워 보일 수 있다.

반면 화장품 소비량의 증가로 인해, 오히려 피부에 해악이 되는 경우도 증가하고 있다. 단적으로 말해 화장품을 제대로 사용하려면, 화장품에 대해 알아야 한다. 좋은 화장품을 고르는 안목을 길러야 한다.

많은 연구들에 의하면, 우리가 사용하는 화장품 대부분의 효능이 과장되어 있거나 심지어는 피부 건강을 위협하는 경우도 있다고 한다. 잘 알려진 유명 브랜드일지라도 피부에 좋지 않은 화학물질이 다수 첨가되거나, 엄청난 가격 거품으로 소비자들을 우롱하고 있다. 화장품은 옷과 마찬가지로 하루 24시간을 통틀어 우리 피부에 장시간 영향을 미치는 물질이다. 그렇다면 이런 화장품을 아무렇게나 사용할 것인가?

평생 피부 건강을 지키자

자신의 피부를 지키는 것은 누구도 대신해주지 않는다. 여러분이 사용하는 화장품은 정말로 안전하고, 여러분의 건강과 미용에 큰 도움이 되고 있는 것일까?

이 책은 현재 우리가 잘못 알고 있는 화장품의 허와 실을 밝히고, 화장품이 우리 피부에 미치는 영향은 무엇인지, 어떤 화장품을 골라야 건강한 피부와 아름다움을 유지할 수 있는지를 살피고 있다. 만일 여러분이 이 책의 정보들을 제대로 활용하기만 한다면, 수많은 화장품으로 가득 찬 화장대에서 무엇을 빼고 무엇을 더해야 할지 알게 될 것이다.

피부 미용은 평생 동안 장기적으로 이루어진다. 피부에 해가 되는 화장품을 여러 개 사용하는 사람보다 똑똑하게 좋은 화장품을 간소하게 사용하는 사람이 10년 뒤에는 훨씬 더 좋은 피부를 가질 수밖에 없다는 것이다.

한 번 노력해 얻은 화장품 지식이 여러분의 평생 피부를 책임질 수 있음을 깨닫고, 이 책을 백분 활용하기 바라는 마음이다.

최병진

당신의 피부를 위해 꼭 체크 해보고 사용하자

내 피부를 알기 위한 필수 체크리스트

- ☐ 민감한 피부 때문에 화장품 트러블이 심하다
- ☐ 안전하고 자연친화적인 제품에 관심이 있다
- ☐ 수분이 부족하고 거칠어 피부 면역력이 떨어진다
- ☐ 눈 밑의 다크서클이 개선되지 않는다
- ☐ 나이가 들수록 기미가 짙어지는 기분이다
- ☐ 화장품의 화학 성분에 거부감을 가지고 있다
- ☐ 온 가족이 함께 사용할 수 있는 화장품을 원한다
- ☐ 피부 처짐이 생기면서 얼굴에 군살이 붙는다
- ☐ 지나치게 많은 종류의 화장품을 쓰고 있다
- ☐ 피부에 생기가 없어서 피곤해 보인다는 말을 자주 듣는다
- ☐ 향과 색소에 민감하다
- ☐ 각질 때문에 얼굴이 지저분하고 건조하다
- ☐ 모공이 넓어서 피부가 늙어 보인다
- ☐ 피부에 뽀루지가 나면 잘 낫지 않는다
- ☐ 잔주름이 많아져서 고민이다

☐ 입가의 팔자 주름이 짙어졌다

☐ 메이크업을 하면 화장이 자주 뜬다

☐ 맨얼굴을 드러내기가 두렵다

체크하기

해당 항목 4개 이하

건강한 피부를 가진 만큼 이를 보존하는 데 노력을 기울여야 한다. 화장품을 많이 사용하기보다는 어떤 화장품이건 자극이 적은 것으로 골라 꾸준히 발라주는 동시에, 평소 식습관과 생활습관을 건강하게 유지하도록하자.

해당 항목 5개 - 10개

피부 노화와 피로가 상당히 진행된 상태인 만큼 피부 면역력을 높여주는 좋은 화장품을 골라 본격적으로 스킨케어에 활용할 필요가 있다. 나아가 평소 자신의 생활습관 중에 피부에 악영향을 미치는 음주나 흡연, 화장품 남용 등을 철저히 개선해 피부 노화를 늦춰야 한다.

해당 항목 11개 이상

치명적일 정도로 피부에 문제 상황이 많은 만큼 특별 관리가 필요하다. 피부의 탄력과 생기를 높여주는 화장품을 잘 골라서 사용하고, 전문가와의 상담 하에 특별 관리를 지도받는 것이 좋다.

|차 례|

화장품 제대로 알고 사용하나요?

1) 부위별, 기능별로 따로 발라야 한다

2) 스킨케어 단계는 복잡할수록 좋은가?

3) 가격이 비싸면 정말 효능이 있다고 믿나요?

4) 리뉴얼 제품, 정말로 더 좋아졌을까?

5) 미백 화장품이 피부를 하얗게 해준다는 말 믿으세요?

6) 홈메이드 화장품이 정말 안전할까요?

7) 식물성 천연화장품, 정말100% 천연일까요?

1) 부위별, 기능별로 따로 발라야 한다고?

한국 여성들은 말 그대로 어마어마한 수의 스킨케어 제품을 사용한다고 한다. 오죽 하면 유명 글로벌 브랜드 화장품 회사들이 앞 다투어 대한민국 화장품 시장을 집중 공략하겠는가?

통상 스킨과 로션으로 이루어지는 기초화장의 경우 예전에는 두 가지면 충분했지만, 요즘은 스킨 전에 바르면 흡수를 도와준다는 에센스, 각질 제거나 청정 수렴 에센스 등을 첨가하는 경우가 많아졌다. 스킨과 로션 뒤에 바르는 크림만 해도 미백 크림, 나이트 크림, 수분 크림, 마사지 크림 등 종류가 수도 없다.

클렌징도 요즘은 색조화장용 리무버를 사용한 뒤 클렌징 오일이나 클렌징 크림으로 다시 한 번 지워내고, 또 다시 폼 클렌징으로 씻어내는 이들이 많다. 심지어 각질을 닦아준다는 패드 형이나 와이프스 형 클렌징 제품을 함께 사용하기도 한다.

게다가 이렇게 박박 씻어낸 얼굴에 기초화장을 한 뒤, 또 다시 콜라겐 등의 특수 앰플 등을 바르고 다시 아이크림을 바른다. 거기에다 입술 보호제, 눈썹 영양제, 영양 공급 팩 등 부위별, 기능별로 다시 덧바르기도 한다. 뿐만 아니라 각각의 연령대마다 다른 화장품을 사용하는 경우도 많다.

상황이 이러니 남자들이 여자들의 화장대를 보고 기겁하는 것도 무리는 아니다. 실로 우리나라 여성들의 압도적인 수가 매달 평균 5만 원 이상을 화장품 구매에 지출한다. 이는 1년에 근 60만 원에 해당하는 금액이다. 또한 화장품 사용에 특히 관심이 많은 일부 여성들은 한 달에 10만원에서 20만원까지도 화장품 구입비로 사용한다.

그렇다면 정말 우리 피부는 이렇게 많은 화장품을 필요로 할까? 그 대답은 두말할 것 없이 '아니다' 이다. 그런데도 왜 우리는 이 화장품들을 사용하게 된 걸까?

이유는 간단하다. 현대사회에서 매스컴의 힘은 놀랄 만큼 세다. 만일 화장품 회사의 광고나 이들이 언론에 흘리는 신문기사에서 스킨케어에 스킨, 로션, 크림만 있어도 충분하다고 말하면, 소비자들은 그 말을 믿고 이 세 가지만 구입할 것이다. 반면 이들이 부위별로 다른 제품이 필요하다는 광고와 정보를 수시로 내보내면, 당연히 소비자들은 세 가지만 구입할 것을 다섯 가지, 많게는 열 가지를 구입하게 되고 그만큼 화장품 회사들의 매출액은 수직 상승할 수밖에 없다. 즉 '피부 부위별, 연령별 관리' 라는 개념은 상품을 더 많이 팔기 위해 화장품 회사들이 만들어낸 영리한 허상이라고 봐도 무리가 아니다. 여러 종류의 화장품을 개발해서 1인당 화장품 사용량을 늘림으로써 기업의 매출액을 올리기 위한 일종의 전략인 셈이다.

즉 화장품 회사들은 끊임없이 신제품을 광고하고, 피부에 많은 화장품을 쏟아 부으라고 강조함으로써 자신들의 이익을 채우고 있는 셈이다.

2) 스킨케어 단계는 복잡할수록 좋은가?

화장품 사용 회수와 개수의 증가는 또 하나의 잘못된 통념과 연결되어 있다. 바로 스킨케어 단계가 복잡할수록 전문적이고 확실한 효과를 볼 수 있다는 신념이다.

바쁘고 현대화된 요즘, 마사지샵에 가는 여성들이 많아졌다. 심지어 집에서 직접 하는 셀프 마사지 제품들도 각광을 받고 있다. 무엇이건 잘 보살피고 애정을 쏟으면 그 만큼 건강하다는 점에서 피부를 관리하는 것은 분명 긍정적인 일이다. 하지만 마사지샵의 피부 관리 과정에 대해서도 의구심을 품어볼 필요가 있다.

마사지샵에서는 긴 시간을 들여 다양한 단계로 스킨케어를 진행한다. 클렌징과 마사지, 보습제 정도로 끝나는 베이직 마사지도 있지만, 현실적으로는 여기에 옵션 추가를 해서 각질 제거, 스페샬 보습 등의 대여섯 단계를 거친다. 그 만큼 가격도 천차만별이다. 그렇다면 이렇게 여러 단계의 스킨케어가 과연 비용만큼 효과를 가져올까?

피부 전문가들의 의견은 다르다. 이들은 아무리 많은 화장품을 발라도 그 화장품이 모두 진피 층까지 뚫고 들어가 효과를 발휘하는 것은 무리라고 말한다. 즉 한꺼번에 많은 양의 화장품을 투여한다고 해도 노화의 근원인 진피에 닿기는 어렵다는 것이다. 이것은 평소에 지나칠 정도로 많은 화장품을 발라보았자 사실상 큰 효과를 보기 어렵다는 말이 된다.

올바른 화장품 사용요령

1 크림을 덜땐, 깨끗한 손이나 도구로

2 습기와 물이 들어가지 않게 뚜껑을 닫아야

3 판매점에서 테스트할 땐 일회용 도구를

4 화장도구는 세탁한 뒤 완전히 건조

5 직사광선 피해 서늘한 곳에 보관

6 사용기한 표시된 제품은 기간 내에 사용

7 색이나 향이 변했으면 사용금지

〈도표 1〉 화장품 어떻게 사용해야 할까? (출처 - 동아일보)

반면, 전문가들은 진짜 효과 있는 피부 관리는 한 달에 한두 번 받는 마사지나 복잡한 화장품 사용이 아닌 평소의 스킨케어 습관에 좌우된다고 말한다. '스킨케어' 라고 하면 어렵다고 생각하기 쉽지만, 그 기본은 사실 간단하다.

1단계는 세안이다. 세안은 스킨케어 기본 중에 기본으로서 피부의 더러움을 씻어내고 생기를 부여하며, 메이크업의 유해물질을 가장 손쉽게 진정시키는 방법이다. 세안에 신경 쓰지 않을 경우 각질이 쌓여 피부가 칙칙해지는 것은 물론, 피지가 모공을 막아 여드름과 트러블이 발생할 수 있다.

반면 세안이 잘 된 피부는 각질과 여드름 등이 발생하지 않으며 화장의 유해함을 줄일 수 있다. 세안제의 경우 클렌징 크림, 폼클렌저, 클렌징 오일 등 다양한 형태로 사용할 수 있지만, 무엇을 사용하건 물을 충분히 사용해 씻어내는 것이 중요하다.

2단계는 보습이다. 우리가 하루 활동을 위해 충분한 식사를 하는 것처럼, 피부의 원활한 활동에는 절대적으로 수분이 필요하다. 많은 전문가들이 보습에만 충실해도 아름다운 피부를 유지할 수 있다고 강조하는 것도 무리가 아니다.

만일 피부에 수분이 부족하게 되면, 쉽게 각질과 주름이 생기고 피부 균형이 무너진다. 건조해진 피부는 유연성을 잃어 가벼운 자극에도 다치기 쉽고 노폐물의 배출도 어려워진다. 따라서 피부에 충분한 보습이 가능하도록 수분감이 많은 토너를 활용한 뒤 모이스처라이저를 충분히 발라줄 필요가 있다. 심하게 건조할 때는 오일도 도움이 되지만, 광물질인 미네랄 오일은 피해야 한다.

3단계는 보호이다. 우리 피부는 24시간 건조함, 더러움, 자외선, 메이크업 등에 노출되어 있다. 따라서 스킨케어의 세 번째 단계는 낮 동안 우리 피부를 최대한 보호하는 것에 중점을 두어야 한다.

가장 중요한 것은 자외선 차단이다. 피부 노화의 가장 큰 이유 중에 하나는 자외선이 피부에 발생시키는 활성산소이다. 이 활성산소는 피부 세포를 변형시키고 망가뜨려 주름과 기미 등을 만들고, 피부의 노화를 촉진한다. 따라서 상황에 걸맞은 자외선 지수를 고려하여 자외선 차단제를 적절히 이용할 필요가 있다.

나아가 아무리 많은 보습제를 발라도 건조한 사무실 등에서는 수분이 부족해질 수 있는 만큼 자주 물을 마시고 가습기를 활용하는 습관 또한 중요하다.

만일 여러분이 스킨케어의 3계명이라 불리는 이 3단계만이라도 매일 충실히 시행한다면, 너무 복잡한 스킨케어는 필요 없다. 복잡하고 다양한 처치가 포함된 스킨케어만이 피부를 사랑하는 길이라는 편견을 버리자.

3) 가격이 비싸면 정말 효능이 있다고 믿나요?

화장품의 핵심은 '아름다워 보이도록 만들어주는 것'이다. 대부분의 화장품 업계에서 국내외 톱스타들을 모델로 기용해 대대적으로 광고를 쏟아내는 이유도 이 때문이다.

이런 광고들은 제작하는 것에만도 엄청난 돈이 들어갈 뿐만 아니라, 지불하는 모델료 역시 막대하다. 한 발표에 의하면, 국내 유수의 화장품 회사들의 경우, 광고 모델들에게 평균 1년에 10억 이상의 모델료를 지불한다고 한다.

그렇다면 이 천문학적인 모델료는 누가 내는 것일까? 두말할 것도 없이 소비자들이다. 그 이유는 간단하다. 중저가 화장품과 별 다를 바 없는 품질의 화장품도 천문학적 비용의 광고를 제작하면 브랜드 가치가 올라가게 마련이다.

즉 제품을 비싸게 팔려면 광고를 해야 하고, 광고를 하려면 많은 돈이 필요하니 결국 제품을 비싸게 팔아야 한다는 딜레마가 생성된다. 그 결과 그 비싸진 가격은 고스란히 소비자의 몫으로 돌아온다.

실제로 화장품은 제조원가가 가장 낮다고 알려져 있다. 다른 종류의 제품들은 평균적으로 소매가의 40%가 제조원가인 반면, 화장품의 경우는 소매가의 1-2% 정도만이 제조원가로 쓰인다. 가격 대비 원가가 낮기로 유명한 원두커피보다 비싼 셈이다.

더 안타까운 것은 연구개발비 부분이다. 외국 유명 화장품 브랜드 업체들이 매출액의 약 5%를 연구개발에 사용하는 반면, 국

내 화장품 업체들의 연구개발비 투자는 매출액의 2% 정도에 불과하다. 엄청난 광고를 내보내는 화장품이라고 무조건 좋은 화장품이라고 볼 수 없는 이유이다.

나아가 광고를 통해 한껏 가격을 부풀리는 고가 정책이 마케팅의 일환이라는 점을 알아야 한다. 최근 화장품에도 양극화 정책이 실시되면서, 저가 화장품과 고급화 화장품의 가격차가 계속 벌어지고 있다는 점에 주목해보자.

이는 하장품을 좋아하고 중요시 여기는여성들을 대상으로 한 만족감 마케팅의 일환이다. 한 예로 저가 화장품은 가격대비 좋은 화장품을 사용한다는 만족감을 안겨주는 반면, 고가 화장품은 남들보다 비싼 화장품을 사용한다는 만족감을 준다. 즉 품질은 비슷한 두 화장품이 몇 배 가격 차이로 팔리고 있는 것이다.

실로 백화점을 가보면, 입이 딱 벌어지게 비싼 화장품들이 버젓이 팔린다. 심지어 한 유명 브랜드의 크림 가격은 100만원을 호가하는 경우도 있다. 그런데 놀랍게도, 금값을 호가하는 이 화장품들이 가격만큼의 효능을 가졌다는 임상 실험 결과는 찾아볼 수 없다. 그렇다면 여러분은 어떤가?

그런 임상 결과가 없더라도 비싼 화장품이 주는 만족감 때문에 이 화장품을 선택하겠는가?

물론 화장품을 사용하는 것은 개인의 자유라고 말할 수도 있다. 하지만 진실은 단순하다. 높은 가격의 화장품이 반드시 건강한 피부, 아름다운 피부를 담보하지는 않는다는 점이다.

4) 리뉴얼 제품, 정말로 더 좋아졌을까?

요즘은 화장품을 좋아하는 여성들이 모여서 다양한 커뮤니티를 만든다. 인터넷 상에서도 쉽게 찾아볼 수 있는 이 커뮤니티에 가보면 깜짝 놀라게 된다. 화장품을 좋아하는 사람들이 이렇게 많다는 점, 나아가 이들이 소지하고 있는 화장품 개수가 어마어마하다는 점때문이다.

어떤 여성들은 거의 비슷비슷한 색깔을 아이섀도를 적게는 몇 개에서 십 몇 개씩 가지고 있다. 립스틱도 마찬가지다. 같은 분홍 립스틱이지만 조금씩 다르다는 이유로 여러 개를 소지하고 있는 경우도 아주 흔하다.

스킨케어 제품에서도 마찬가지이다. 같은 브랜드에서 나온 비슷비슷한 에센스나 크림을 서너 개씩 소지하고 바르는 이들이 적지 않다.

그런데 이들의 말을 들어보면, 이런 화장품 욕심이 조금은 수긍이 간다. 같은 파란색 섀도라도 해마다 색감이 조금씩 달라지니 구입하지 않을 수 없으며, 립스틱 색도 매해 유행하는 색감이 조금씩 다르다는 것이다. 계절마다, 해마다 새로운 색깔의 화장품을 바르고 싶은 소비자들에게는 큰 유혹이 아닐 수 없다.

스킨케어도 마찬가지이다. 많은 화장품 회사들이 신상 제품에 열광과 관심을 보내는 소비자들의 요구에 발맞추어 시기에 따라 용기를 리뉴얼하고 새로운 성분을 첨가한다. 이처럼 새 제품을 개발하고 시장에 선보이는 것은 기업들에게 매우 중요한 일이며, 소비자 만족도에도 큰 영향을 미친다. 문제는 그렇게 리뉴얼한 제품들이 결국은 '가격 인상'을 동반한다는 점이다.

실제로 거의 모든 화장품 브랜드들이 비슷한 성분에 새로운 컨셉의 물질을 첨가하고 용기 컬러만 바꾸고는, 리뉴얼 제품이라며 15% 이상 비싼 가격에 내놓는다. 그리고는, 가격을 올린 건 새로운 성분을 추가해 품질이 향상되었고, 원가 상승과 그간의 연구개발비 때문에 부득이한 선택이었다고 해명한다.

결국 기존 고객으로서는 쓰던 제품이 다 떨어지면, 성분이 더 좋아졌다고 믿고 이 리뉴얼 제품을 구매하게 될 것이다. 하지만 이 리뉴얼 제품은 정말로 기존 제품과 비교할 때 효과가 월등히 나아졌을까?

이 질문에 전문가들은 부정적인 답을 내놓는다. 용기를 바꾸고 성분을 보강했다 하더라도 실제로 그 제품의 품질이 어느 정도

향상되었고, 가격 인상분이 진짜 적정한지를 확인할 수 없다는 것이다.

실로 리뉴얼 신상을 내놓는 그 어떤 화장품 회사들도 정직하게 원가나 개발비를 공개하지 않는다는 점에서 의심도 커질 수밖에 없다. 품질이 어떻게 어느 정도 향상됐는지 눈으로 볼 수 있는 자료를 찾아볼 수 없기 때문이다.

실로, 화장을 10년 이상 한 여성이라면 화장대에 놓여 있는 제품들이 해마다 가격을 어떻게 올려왔는지 가격 상승 곡선을 그려 볼 수 있을 것이다. 그렇다면 여러분은 리뉴얼 제품을 구매하고, 과연 그 가격만큼 만족했는가?

그 대답에 "예"라고 대답할 소비자가 과연 몇이나 될지 의문이다.

5) 미백 화장품이 피부를 하얗게 해준다는 말 믿으세요?

일본과 중국, 한국의 경우 역사 속 고전 미인들은 모두 백옥처럼 흰 피부를 가지고 있었다. 이 때문인지 아시아 여성들은 흰 피부에 대한 열망이 아주 크다. 노랗거나 다소 검은 피부를 희게 만들기 위해 다양한 화장품을 이용하고 있으며, 설문조사 등에서 미백에 대한 관심이 압도적으로 나타난다. 심지어 어떤 여성들은 피부를 하얗게 만들기 위해서는 무엇도 마다하지 않을 기세다. 실로 아시아 국가들의 화장품 가게에 가보면 다양한 미백 크림들이 진열대에서 불티나게 팔려나가는 것을 볼 수 있다. 그렇다면 한 가지 질문을 던져보자. 이 미백 화장품들은 정말로 피부를 하얗게 가꿔주는 것일까?

우선 미백 화장품을 선전하는 광고 카탈로그들을 보자. 아름다운 모델 얼굴에는 그야말로 잡티 하나 없다. 달콤하고 흰 우윳빛 피부에 탄성이 나올 정도이다.

그러나 이런 사진이 모델의 얼굴 그대로를 찍은 것이라고 믿는 사람은 이제 그리 많지 않다. 최근 고도로 발달한 포토샵 기술의 성과 덕에, 어떤 피부건 완벽한 상태로 수정하는 것이 가능해졌기 때문이다. 그중에서도 화장품 광고 모델 사진의 경우 완벽한 피부 표현을 위해 원본을 많게는 20~30번 이상 수정하는 경우가 허다하다. 다시 말해 미백 화장품 광고의 완벽한 피부는 실제로 존재할 수 없는 가상의 피부인 셈이다.

반면, 많은 소비자들이 미백 화장품을 사용하면서 피부 미백을 경험했다고 말한다. 장기적으로 사용하니 더 효과가 좋았다는 말도 있다. 과연 어떤 대단한 물질을 사용했기에 피부색까지 바뀌었는지 궁금하지 않을 수 없다.

하지만 최근 미백 제품으로 유명한 SK-II를 비롯해 에스티로더, 랑콤, 시세이도, 크리스찬디올, 크리니크 등의 유명 브랜드의 미백 제품에 적신호가 커졌다. 이 브랜드 제품들에서 독성 중금속인 크롬이 검출되었기 때문이다.

크롬과 수은 등은 피부를 희게 만들어주는 효과를 낸다. 하지만 이 화학물질들의 경우 아주 미량일지라도 체내에 흡수될 경우 안전하지 못하다는 경고의 목소리가 높다. 유명 브랜드가 이러한 상황이라면 다른 브랜드는 과연 어떨까?

나아가 흰 피부가 아름다워 보일 수는 있다. 그러나 과연 흰 피부만이 아름다운가? 한 예로 우리가 선호하는 유럽 브랜드들은 자국에서는 미백 제품 시장에 크게 신경 쓰지 않는다. 이유는 다른 것이 아니다. 타고난 피부가 창백한 유럽인들의 경우 흰 피부보다는 적당히 색을 가진 피부를 아름답다고 여기기 때문이다.

이처럼 피부색의 아름다움에는 다양한 기준이 있으며, 피부 미백에 열성적인 아시아 여성들의 얘기를 들을 때마다 "왜 흰 피부를 만들려고 하는지 모르겠군요."라고 답하는 서양인들이 실로 많다. 미백 제품에 대한 과대광고, 유해 성분을 허용하는 비합리적 태도를 개선해야 할 때이다. 피부의 아름다움은 단순히 컬러에서 오는 것이 아니다. 건강하고 생기 있는 피부가 가장 아름다운 피부임을 잊지 말자.

◆ 기미를 제거하는 화장품이 기미를 만든다?

피부가 노화하면서 나타나는 증상 중에 하나가 기미다. 최근 기미를 제거해준다는 화장품이 인기인데, 이런 화장품을 아무리 사용해도 기미는 사라지지 않는다.

기미를 제거해준다는 성분들은 대부분 피부의 면역력을 떨어뜨려 자체 재생 능력을 손실시켜 사용을 중지하는 순간 오히려 기미가 더 늘어나는 경우가 많다. 이 제품들은 기미를 사라지게 하는 것이 아니라 각질을 두껍게 만들어 기미를 덮어버림으로써 기미가 사라진 듯한 착각을 하게 만드는 것이다.

반면 피부 면역력을 기르고 활성화해주는 제품을 사용하면, 피부 신진대사가 원활해지면서 28일 주기마다 각질 탈각이 제대로 진행되게 된다. 이럴 시 처음에는 기미가 더 짙어진 듯한 느낌을 받지만 차츰 각질이 벗겨지면서 기미 개선 효과를 볼 수 있다.

기미 제거 화장품을 사용한다면 반드시 이 두 가지 다른 개선 방법을 살펴 골라야 한다.

6) 홈메이드 화장품이 정말 안전할까요?

최근 아토피와 천식 등 다양한 면역계 질환이 유행하고 있다. 특히 아토피는 어린아이뿐만 아니라 성인들에게도 골칫거리이다. 현대사회의 공해에서 자유로운 사람 없다지만, 아토피 환자들로서는 병을 낫게 하기 위해 최대한 화학 성분을 멀리 하려고 노력하는 경우가 많고, 이는 화장품에서도 예외가 아니다.

때문에 직접 집에서 만든 화장품으로 스킨케어를 하는 이들이 늘고 있다. 그러나 문제는 천연 재료에 대한 지나친 맹신이 오히려 해가 될 수도 있다는 점이다.

홈 케어를 신봉하는 이들의 경우 기존 화장품에서 기준치의 아주 미량에 해당하는 중금속만 발견되어도 소스라친다. 하지만 과연 홈 스킨케어 제품에 사용되는 원료들은 정말로 화학 제품들에 비해 완벽하게 안전할까?

홈메이드 화장품에 자주 쓰이는 천연 재료들로는 다양한 식물과 곡물, 과실, 오일 등이 있다. 그런데 여기에 복병이 숨어 있다. 완벽한 유기농 제품이 아니고서야 농약과 화학비료, 유통 과정에서의 방부 처리 등에 노출될 수밖에 없다는 점이다.

한 예로, 피부 미백에 좋다고 알려진 쌀겨의 경우, 탈곡된 쌀에서 거두어내는 것으로서 높은 수치의 농약에 노출된 재료로 분류

된다. 한방 재료도 위험은 마찬가지다. 시장에서 팔리는 한약재에 중금속이 다량 발견되었다는 신문기사를 기억하는가.

한때 레몬과 소주로 화장수를 만드는 것이 유행한 적도 있는데, 레몬의 껍질에는 다량의 농약뿐만 아니라 광택제 등의 화학 성분이 뿌려진다. 물론 어느 정도 물에 씻었다 하더라도 이 성분은 완전히 사라지지 않는다.

나아가 레몬의 ph 농도가 피부에 적합하지 않을 경우 피부 트러블이 일기도 한다. 일각에서는 레몬의 비타민 C가 피부 미백에 도움을 준다고 하지만, 비타민 C는 안정성이 중요한 성분이다. 많은 비타민 C 화장품이 조심스럽게 취급되는 이유도 비타민 C는 햇빛 등으로 인해 쉽게 파괴되기 때문이다. 소주도 마찬가지다. 기본적으로 알코올 외에 다량의 화학 성분이 첨가되는 소주가 피부에 항상 좋을지는 의문이다.

이처럼 홈메이드 재료 역시, 꼼꼼히 살피지 않으면 치명적일 수 있다. 화학 제품을 피해보겠다고 하다가 중금속 등 다른 유해 물질의 폭탄을 맞는 경우와 다르지 않은 셈이다.

나아가 화학 공정 과정을 거친 제품이라고 해서 모두 유해한 것도 아니다. 화학 성분이 들어간 화장품들이 지탄의 대상이 되고 있는 이유는 유해성 원료를 사용하기 때문이다. 반면 임상실험이나 식약청 인증 등의 안전성이 확증된 화학 성분들은 오히려 안전성이 확증되지 않은 천연 재료들에 비해 안전할 수 있다.

또한 화장품에 사용되는 과일이나 식물 등은 다양한 추출 과정을 거치면서 유효 성분의 손실을 막고 피부에 좋은 성분만 걸러지게 된다. 오히려 이 편이 확인되지 않은 재료를 쓰는 것보다 위험하다고 말할 수 있을까?

물론 홈메이드 제품을 만들어 쓰고자 하는 노력은 나쁘지 않다. 하지만 앞서 반드시 재료의 안전성이 검증된 것을 사용해야 하며, 자신의 피부에 맞는 농도 역시 파악해야 한다는 점을 기억하자. 만일 이것이 어렵다면 안전성이 검증된 공정 제품을 사용하는 편이 차라리 시간과 비용 대비 나을 수 있다.

시중에 아토피 환자들에게 적합한 다양한 제품들이 나와 있는 만큼, 꼼꼼하게 확인하면 자신에게 맞는 제품을 찾아볼 수 있을 것이다. 홈메이드는 무조건 안전하다는 것은 기분 좋은 착각임을 기억하자.

◆ 트러블 피부의 스킨케어법

거칠고 칙칙하며 피부 조직이 상한 피부를 손상된 피부라고 부른다. 피부 노화는 세월에 따라 나타나는 어쩔 수 없는 현상이지만, 얼마나 잘 관리하는가에 따라 또래보다 젊어 보일 수도 있고, 늙어 보일 수도 있다. 즉 피부 손상을 최소화하는 것이 젊은 피부를 유지하는 방법인 셈이다.

피부 손상의 원인은 여러 가지가 있지만, 가장 지속적인 손상을 주는 것은 자외선, 두 번째로는 음주와 흡연, 운동 유무 등 평소 생활습관이다. 나아가 트러블 역시 피부 손상과 건강에 큰 영향을 미친다. 트러블이 잦으면 피부는 지속적으로 손상되고 다시 재생하면서 흉터와 같은 흔적을 남긴다. 여드름 자국은 물론이고, 기미나 주근깨 등도 어떻게 보면 트러블이 남기고 간 상처라고 할 수 있다.

그런데 놀라운 것은 많은 이들이 얼굴에 자극을 주는 화장품을 쓰면서도 피부 손상을 전혀 염려하지 않는다는 점이다. 적지 않은 여성들이 세정력이 강한 비누로 피지는 물론 최소한의 보호막까지 씻어낸 뒤 자극적인 알코올 성분이 함유된 스킨을 바른다. 이렇게 큰 자극에 반응하지 않는 피부가 오히려 이상할 정도이다.

반면 트러블을 개선하기 위해 사용하는 화장품이 오히려 피부를 망치는 경우도 있다. 여드름 피부에 흔히 사용하는 제품들 중에 오히려 피부 모공을 막는 성분이 첨가되어 있는 경우도 왕왕 있다. 게다가 트러블을 감추겠다며 두꺼운 메이크업으로 모공을 가려버림으로써 피부 손상을 더욱 악화시킨다.

말했듯이 피부 손상을 막기 위해 가장 주의해야 할 것은 자외선과 스트레스, 식습관이 먼저이다. 트러블 피부를 화장품으로 개선하거나 고치겠다는 생각은 버려야 한다. 그럼에도 화장품의 도움을 받고자 한다면, 피부에 스트레스와 고통을 주지 않는 올바른 스킨케어 방법을 익히고, 피부 자극이 없고 면역력을 길러주는 화장품을 골라 사용해야 한다.

7) 식물성 천연화장품, 정말 100% 천연일까요?

최근 먹는 음식부터 입는 옷, 가구, 화장품에 이르기까지 무독성을 강조하는 천연 제품이 인기다. 많은 화장품 회사들이 자연주의 화장품을 론칭하고, 100% 천연 식물성 화장품을 판매하는 곳도 늘어나고 있다.

물론 유해 성분을 최대로 배제한 상품을 사용하겠다는 취지는 좋으나, 다만 천연화장품에는 화학 성분이 들어가지 않는다는 상식은 잘못되었다는 점을 짚고 넘어가야 할 것 같다.

많은 화장품 카페에서 모든 트러블은 화학 성분에 의한 것이며, 따라서 민감성 피부나 민감성 피부는 반드시 천연 식물성 화장품을 사용하기를 권한다.

그러나 막상 천연 식물성 화장품을 표방하는 회사들의 제품 또한, 전 성분 표시를 살펴보면 페녹시엔타올, 페트로라텀 등등 일반 화장품과 크게 다르지 않은 성분을 포함하고 있음을 알 수 있다. 이 화장품들이 천연 식물성 화장품이라 불리는 근거는 제품에 사용된 카모마일, 그린티, 유채꽃, 라벤더 등의 식물성 추출물 때문인데, 이 식물성 추출물이 어떤 방식으로 추출되어 어느 정도의 함량으로 제품에 포함되어 있는지는 언급이 없는 경우가 많다. 만일 함량 표시가 정확히 되어 있지 않다면, 그 화장품의 식물성 추출물의 함량이 0.1%도 되지 않을 가능성이 높다. 무늬만 '식물성' 인 제품들인 셈이다.

둘째, 유해 화학 성분에 대한 사회적 인식이 높아지면서 소비자들이 화학 성분에 주의하는 것은 좋은 일이나, 일부 화학 물질은 안전성이 확인되고 효능도 좋은 물질이다.

한 예로 적잖은 여성들이 자연적 클렌징을 선호하며 식용 콩기름을 사용해 화장을 지우는 경우가 있다. 하지만 이 콩기름은 잘 닦이지 않아 모공을 막게 될 가능성이 크며, 이 기름을 지우기 위해 해로운 계면활성제가 많이 든 강력한 폼클렌징을 사용해야 한다. 반면 시중에 나온 클렌징 오일을 잘 골라 사용하면 쉽게 물에 지워지기 때문에 불필요한 클렌징을 줄일 수 있다.

따라서 무조건 화장품의 화학 성분을 배제하기보다는 각각의 용도에 맞는 제품을 고르고, 유해 물질을 잘 기억해 전 성분 표시를 확인하는 것이 옳은 방법이다.

◆ 화장품, 광고에 속지 말자

대중매체와 길거리에는 각종 현란한 화장품 광고들이 많다. 이런 광고에만 의존해 제품을 선택해선 절대 안 된다. 특히 허위, 과장 광고에 속지 않도록 주의하자. 흔히 기능성 화장품에 대한 광고에는 피부 타입이나 피부 톤을 바꿔준다는 내용이 많다. 하지만 이는 불가능하다. 화장품은 피부 타입의 결점을 보완하기 위해 쓰이지만 피부 타입 자체를 영구적으로 바꾸진 못한다. 간혹 까만 피부를 희게 해주는 화장품이 판매되는 경우가 있는데, 이는 의약품인 피부표백제로 개발된 제품이니 의사와 상의한 후 사용해야 한다.

유기농 화장품도 명칭에 현혹돼선 안 된다. 모든 원료가 유기농인 것은 아니기 때문이다. 유기농 제품에 대한 기준은 나라와 기관마다 다르다. 원칙적으로 유기농 화장품은 합성 보존제나 향료 등을 사용하지 않고 친환경적인 원료로 제조한 제품이다. 그러나 자연에서 대체하기 곤란한 17종의 합성 원료는 전체의 5% 이내에서 사용할 수 있도록 돼 있다. 주름 개선제는 깊이 팬 주름을 없애거나 노화 과정 자체를 완전히 멈추게 할 수는 없다는 점을 명심하자. 그래도 기능이 약해진 피부세포를 회복시켜 주름을 개선하고, 노화의 속도를 늦춰서 주름이 생기는 걸 늦출 수는 있다.

탄력크림은 본격적인 노화가 시작되는 40대 건성 피부를 위해 만들어졌기 때문에 오일과 지방산이 많이 함유돼 있다. 20대가 사용하면 오히려 모공이 넓어지고 탄력이 떨어질 수 있다는 점을 명심하자.

피부의 탄력을 떨어뜨리는 주범 중 하나는 자외선이다. 외출 30분 전에는 자외선 차단제를 바르는 게 좋다. 너무 적은 양을 바르면 차단효과를 보기 어려우니, 피부 면적 cm^2당 2mg 정도의 충분한 양을 골고루 펴 바르는 게 좋다. 미백제품은 한두 번으로는 효과가 나타나지 않는다. 단, 꾸준히 사용하면 미백효과를 볼 수 있다. 단, 피부는 4주마다 표피층이 완전히 새로운 세포로 바뀌기 때문에 미백제품을 사용하다가 중단하면 서서히 원래 피부 상태로 돌아간다. 꾸준히 사용하는 게 중요하다는 것이다.

같은 제품을 오래 쓰면 내성이 생겨서 미백 효과가 떨어진다는 것은 낭설이다.

동아일보 2013-04-10 이샘물 기자

피부를 알아야 진짜 피부미인이다

1) 피부의 구조를 알아야 하는 이유는

2) 펩타이드 유도체가 피부 깊숙이 침투한다

3) 생활환경이 피부의 노화 속도를 결정한다

4) 피부 노화를 막는 방법 무엇이 있나요?

5) 내 피부 타입을 알아야 피부미인이다

6) 계절에 따라 달라지는 피부 상태의 비밀

1) 피부의 구조를 알아야 하는 이유는

피부가 그 사람의 삶을 보여준다는 말이 있다. 영양 상태가 좋고 잘 관리한 피부는 부유하고 여유로운 느낌을 주는 반면, 거칠고 생기 없는 피부는 어쩔 수 없이 곤궁한 인상을 주기 쉽다. 이목구비가 아주 뛰어나지 않아도 맑고 건강한 피부를 가지고 있다면, 이목구비는 아름답지만 피부 상태가 나쁜 사람보다 젊어 보인다. 이처럼 피부는 한 사람의 인상에 큰 영향을 미칠 뿐만 아니라, 실제로 그 사람의 건강 상태까지 보여준다. 즉 피부를 건강하게 관리하는 것만으로도 훨씬 아름다워지는 효과가 나타나는데, 그렇다면 우리 피부가 어떤 구조로 이루어져 있고, 어떻게 해야 피부 건강을 지킬 수 있는지도 역시 살펴야 한다.

인간의 피부는 인체의 가장 외피를 둘러싸고 있는 세포 조직의 결합으로, 보기에는 밋밋하지만 다양한 기능을 수행한다.

우선 피부는 보호 작용을 한다. 체내의 모든 기관을 외적 물리력, 차갑거나 뜨거운 공기, 화학적 독극물, 미생물, 햇살로 인한 손상으로부터 보호한다. 피부 표면은 약산성(pH 4.5~6)이기 때문에 산이나 알칼리에 크게 침입당하면 손상된다. 화장품의 pH 농도가 중요한 이유도 여기에 있다.

나아가 피부는 중요한 배설 및 분비 작용에도 관여한다. 체내

노폐물을 땀으로 배설하여 신장의 기능을 보충하고, 수분이나 나트륨과 질소노폐물 및 독물의 배설에 큰 역할을 한다. 또한 지선에서 피지를 분비해 피부 표면에 얇은 막을 만들어 수분의 손실과 침입을 막고 피부를 매끄럽게 해준다. 이외에도 피부는 환경과 기온에 맞춰 체온을 유지하고, 피부호흡을 통해 산소를 공급하기도 한다.

그렇다면 구체적으로 피부 조직은 어떻게 나누어지고 어떤 역할을 할까?

피부는 바깥층에서부터 크게 표피(epidermis), 진피(dermis), 피하조직(subcutaneous tissue)의 3개 층으로 나누어진다. 물론 이 세 층 모두 각각의 역할을 하고, 이 기능들이 조화되어야만 건강한 피부가 유지된다. 그러나 피부 노화와 관련해 우리가 가장 주목해야 할 부분은 진피라고 할 수 있다.

표피의 경우 3개 층 중에 가장 얇은 층으로서 피부에 아주 중요한 보습 및 보호를 담당한다. 또한 조직의 수분 소실과 손상을 방어하고 세균 침입도 방지한다.

나아가 진피는 피부 탄력을 좌우하는 층이다. 진피에는 콜라겐, 엘라스틴이라는 섬유성 결체 조직이 존재하는데, 이 결체 조직은 촘촘하게 표피를 지지하며 탄력성과 유연성을 유지하는 역할을 담당한다.

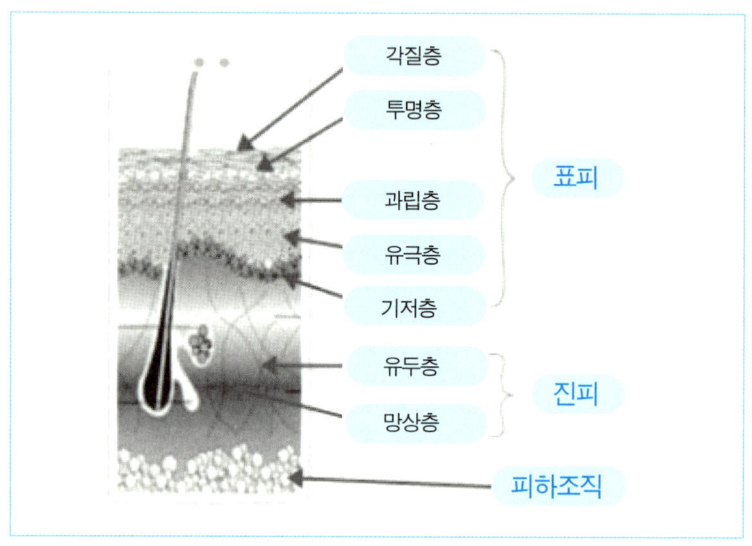

〈도표 2〉 우리 피부의 구조   출처:네이버

　많은 전문가들이 화장품이 진짜로 효과가 있으려면 진피까지 닿을 만큼 피부 깊숙이 영양 공급을 해야 한다고 말한다. 하지만 깊이 침투하는 유도체 없이는 아무리 화장품을 많이 발라도 충분히 흡수되지 않는다.

　나아가 피하조직이라는 지방 조직 또한 표피 및 진피로의 영양 공급을 맡고 있지만, 가장 깊이 자리 잡고 있어서 피부 표면에 바르는 화장품과는 다소 무관하다고 볼 수 있다. 이 피하조직을 건강하게 유지하려면 충분한 단백질과 비타민, 무기질 등을 충분히 섭취하는 식생활이 아주 중요하다.

그렇다면 이 피부 깊숙이까지 충분히 관리하는 스킨케어법은 없는 걸까? 다음 장을 연이어 살펴보자.

2) 펩타이드 유도체가 피부 깊숙이 침투한다

피부 노화는 20대 중반부터 시작되는 자연적인 현상이다. 그리고 이 피부 노화에 아주 큰 영향을 미치는 것이 바로 콜라겐과 엘라스틴이다.

이 두 물질은 우리 피부 진피층을 받치고 있는 중요한 단백질인데, 노화가 시작되면서 감소하기 시작한다. 주름이 생성되고 피부 표면이 거칠어지는 이유도 이 때문이다. 따라서 진피의 콜라겐과 엘라스틴 구조를 탄탄하게 유지해 피부를 탄력 있게 유지해주는 것이 피부 노화를 막는 중요한 열쇠가 된다.

〈도표 3〉 나이대에 따른 피부 변화

우선 콜라겐부터 살펴보면, 콜라겐은 진피 구조를 이루고 있는 섬유질 단백 성분의 하나로 엘라스틴 섬유와 함께 피부의 그물 구조를 형성하고, 피부 탄력성과 유연성을 관장하여 주름에 직접적인 영향을 미친다.

이 콜라겐은 20대 이후부터 감소하기 시작해 40대가 넘어서면 20대의 절반 수준으로 떨어지는데, 콜라겐이 결핍되면 피부의 탄력이 줄어들어 주름살이 생기게 된다. 특히 자외선은 진피 성분 분해 효소의 기능을 높여, 콜라겐의 감소나 변성을 가져와 피부가 탄력이 없어지고 노화되기 시작된다.

엘라스틴은 콜라겐과 함께 피부 결합조직에 존재하는 섬유 상태의 천연 고분자 단백질이자, 콜라겐을 용수철처럼 지탱해 피부 탄력을 유지해주는 단백질로서 피부 노화가 진행되면 이 섬유가 딱딱해져 탄력을 상실하게 된다. 젊은 여성들의 피부가 팽팽한 것도 손상되지 않은 엘라스틴의 작용으로 인한 것이다.

즉 콜라겐과 엘라스틴은 피부 노화와 직접적인 연관을 가지는 물질로, 특히 콜라겐은 진피 섬유의 약 90%를 차지하면서 막대한 영향을 미친다. 그렇다면 피부 노화를 좌지우지하는 콜라겐을 보충해 피부를 되살리는 방법은 없을까?

최근 피부 콜라겐을 보충하기 위해 수용성 콜라겐을 이용하는 제품들이 인기다.

다만 이 콜라겐은 펩타이드 결합으로 큰 분자를 형성하기 때문에, 피부에 흡수되기가 쉽지 않다. 이때 펩타이드 단백질(콜라겐) 분자를 최소단위로 쪼개어 저분자화시킴으로써 깊숙이 흡수되도록 하는 방법이 최근 개발된 바 있다. 즉 입자가 크면 피부 조직을 쉽게 통과할 수 없는 만큼 이를 아주 작은 분자로 쪼개서 피부 조직 깊숙이 흡수되도록 유도하는 것이다. 이를 펩타이드 유체응용기술이라고 한다.

최근 이 펩타이드 유체응용기술로 만들어진 화장품들이 시중에 나와 있는 만큼 그 효능과 성분 등을 꼼꼼히 비교해보고 선택하면 좋은 결과를 얻을 수 있을 것이다.

◆ 콜라겐의 효과

콜라겐은 동물의 피부나 혈관, 뼈, 치아, 근육 등 모든 결합 조직의 대부분을 차지하는 단백질로서 포유동물의 경우 전체 단백질의 3분의 1이 콜라겐으로 이루어져 있다. 콜라겐은 단백질의 일종인 길고 가는 섬유형태로서 세포와 세포를 연결하는 접착제 역할을 담당하고 있다.

이 콜라겐은 모든 장기에 존재하지만, 특히 피부와 뼈 등에 많다. 피부는 수분을 제외한 성분의 70%, 뼈는 칼슘과 인산 화합물 이외의 90%가 콜라겐이다.

이 때문에 최근 콜라겐은 건강뿐만 아니라 피부 미용에도 중요한 물질로 각광받고 있다. 콜라겐 분자를 이용한 페이셜 마스크, 크림, 유액, 화장수 등이 속속 출시되고 있는 것이다. 이처럼 화장품에 콜라겐을 배합하면 보습성이 크게 증가된다. 또한 1% 콜라겐이 함유된 크림을 실험용 쥐에게 16일 바르자, 표피 두께가 증대되는 효과가 나타난 바 있다. 이외에도 콜라겐을 먹거나, 주사제로 직접 투여해 피부 세포 재생을 돕는 콜라겐 시술도 일반화되었다.

체내에서 콜라겐을 생성하는 힘이 절정기인 때는 20~30대이다. 그 이후부터는 콜라겐의 양은 서서히 감소한다. 하지만 콜라겐은 자외선에 의해서도 파괴되기 때문에 아직 30대라고 방심하는 것은 금물이다. 평소 콜라겐이 풍부한 음식을 먹고 스킨케어 시에도 다양한 콜라겐 제품을 응용하는 일이 필요하다.

3) 생활환경이 피부의 노화 속도를 결정한다

피부는 일정 정도는 타고난다. 개인마다 피지의 분비량이나 건조함의 정도가 다 다른 것도 타고난 성향 때문이며, 이런 개인차가 노화의 진행 속도를 가속화시키거나 늦추기도 한다.

하지만 이보다는 외부적인 요소가 노화 속도에 더 큰 영향을 준다는 것이 전문가들의 의견이다. 그렇다면 이 외부 요소들 중에서 어떤 부분에 주의를 기울여야 할까? 나이보다 늙은 피부, 나이보다 젊은 피부의 차이는 무엇이고 그런 차이가 생겨나는 이유는 무엇일까?

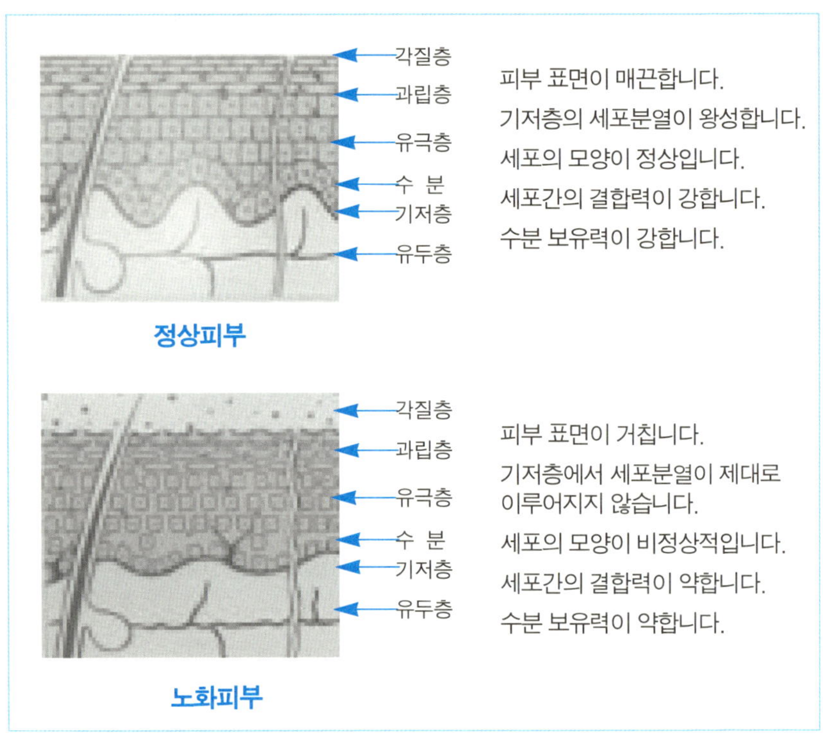

〈도표 4〉 정상피부와 노화피부의 차이

일명 신체 나이라는 것이 있다. 몸은 20대이지만 30대의 신체 나이를 가진 사람들도 있고, 반대로 40대인데도 30대의 신체 나이를 유지하며 활력 있는 삶을 꾸려가는 사람도 있다. 이는 음주나 흡연, 스트레스 등 노화를 촉진하는 환경을 최대한 줄이고 꾸준한 운동, 자연친화적인 삶, 올바른 식습관 등을 고수한 결과이다.

마찬가지로 신체 일부인 피부도 최적의 상태로 유지하고 유해한 환경을 줄이는 것만으로도 얼마든지 젊게 만들어 일정하게 노화를 방지할 수 있다. 즉 젊어 보이는 피부와 늙어 보이는 피부는 상당수 생활환경과 노력의 문제인 것이다.

그렇다면 피부 노화를 막는 다양한 방법에 대해서도 살펴봐야 할 것이다. 다음 장을 연이어 보자.

4) 피부 노화를 막는 방법, 무엇이 있나요?

피부 노화를 막고 생기 있는 피부를 유지하고 싶은 것은 누구나의 바람이다. 우리가 화장품을 사용하는 이유도 결국은 더 젊은 피부를 유지하기 위함이다.

하지만 아무리 좋은 화장품을 사용하더라도, 일상적 습관이 건강하지 않다면 무익하다. 다음은 피부 노화를 늦추기 위해 우리가 일상 속에서 실천할 수 있는 핵심 생활 지침을 열거한 것이다. 꼼꼼하게 읽고 참조하도록 하자.

● 햇빛을 잘 피해야 한다

지난 10여 년간 새로이 주목받기 시작한 화장품 중에 하나가 자외선 차단제이다. 수많은 연구 결과가 밝히고 있듯, 나이가 들면서 발생하는 우리 피부의 문제 90%는 햇빛에서 온다. 알려진 것처럼 햇빛은 자외선을 포함하고 있으며, 이 자외선은 우리 피부에 침투해 주름, 기미, 주근깨, 모세혈관 팽창, 검버섯, 심지어는 피부암을 일으킨다.

즉 피부 노화를 막는 첫 번째 단계는 바로 햇빛, 즉 자외선 차단이다.

● 주기적으로 운동을 해야 한다

운동이 가져오는 이점에 대해서는 이견이 없을 것이다. 그런데 운동은 심지어 피부미용에도 지대한 영향을 미친다. 운동을 하게 되면 심박 수가 증가하고 체열이 올라가면서 혈액순환이 증진된다. 이처럼 땀을 흘리면 피부 내부의 노폐물이 자연스레 배출된다. 나아가 신경이 안정되고 숙면을 취할 수 있어 세포의 재생이 활발해지고 안색이 밝아 진다.

● 건강한 음식을 섭취해야 한다

콩 심은 데 콩 나고, 팥 심은 데 팥 난다. 인체 세포도 우리가 먹는 음식으로 만들어진다. 건강한 음식을 먹으면 세포도 건강해지고, 나쁜 음식을 먹으면 세포도 빨리 늙는다.

이런 면에서 균형 잡힌 건강식은 피부에도 영향을 미친다. 한 예로 피부가 건조하다면 피부에 충분한 수분을 전달할 수 있도록 좋은 물을 충분히 마실 필요가 있다.

또한 매끄럽고 부드러운 피부를 위해서는 반드시 필수지방산이 풍부한 음식을 섭취해야 한다.

또한 주름 등 노화로 인한 다양한 손상을 막기 위해서는 항산화제가 풍부한 음식을 고려해야 한다. 식생활이 용이치 않다면, 비타민이나 다양한 보충제 등을 이용해도 도움이 된다.

● 스트레스를 잘 관리해야 한다

스트레스는 코티졸이라는 스트레스 호르몬을 분비해 우리 몸을 각성 상태로 만든다. 적당한 각성 상태는 자극과 활력을 주지만, 이것이 계속되면 우리 몸은 제대로 된 휴식을 취하지 못해 빨간 불이 켜진다. 이럴 시 불면이나 초조감, 폭식 등의 결과가 초래되어 장기가 망가지고 피부와 안색 또한 검어진다. 따라서 적절한 스트레스 관리를 통해 몸을 정상화하고 대사순환이 원활하도록 한다.

● 자연 친화적인 삶을 살아야 한다

현대사회는 온갖 화학 물질로 인한 오염으로 범벅되어 있다. 평균 수명은 늘었지만 건강하게 장수하는 사람들은 극히 드물다. 사실 이런 오염 상태에서 사람들의 건강이 급속도로 악화되지 않는 것이 이상할 정도다.

피부는 그사람의 건강 상태와도 긴밀한 연관을 가지고 있다. 피부 상태를 보는 것만으로도 그의 건강이 얼마나 좋은지 또는 나쁜지를 알 수 있다. 따라서 기본적으로 몸을 건강하게 유지하는 것이 피부를 좋은 상태로 유지하는 가장 좋은 방법이다.

그러기 위해서는 유해물질을 최소화하고 자연과 가까운 생활을 하는 생활습관이 필요하다. 이른바 많은 사람들에게 새로운 삶의 방향을 제시해준 웰빙도 그 한 방법이다.

웰빙은 먹는 것과 입는 것, 사용하는 물건, 삶의 방식 등 삶의 모든 면에 최대한 주의를 기울이고 자연과 가까운 방식대로 살아가는 것을 의미한다.

● 자연 친화적인 화장품을 사용해야 한다

질 낮고 독성 화학물질이 들어 있는 화장품은 경우는 오히려 피부를 망친다. 이런 경우는 아예 화장품을 바르지 않는 것만 못하다.

특히 화장품은 거의 24시간 우리 피부에 닿는 물질인 만큼 충분한 고려 후에 선택해야 한다.

화장품에는 기본적으로 어쩔 수 없이 들어가는 화학물질들이 분명 존재한다. 하지만 화학물질을 최소화하고 자연에 가까운 재료들을 사용한 제품들도 적지 않다. 따라서 제품이나 물건을 선택할 때 그것이 얼마나 자연친화적인 것인지를 알아보는 안목을 기르는 것 또한 우리의 건강과 피부를 지키는 지름길이라고 할 수 있다.

제품 라벨에 들어 있는 성분들은 물론, 그 회사의 가치를 평가할 만한 좋은 천연 성분을 얼마나 잘 사용하고 있는지 등을 살펴야 한다. 또한 실제로 그 제품을 써본 이들의 사례도 충분히 고려해볼 필요가 있다.

5) 내 피부 타입을 알아야 피부미인이다

인간의 유전자 구조는 100% 같다. 하지만 이렇게 같은 유전자 구조를 가졌음에도 사람마다 외모나 성격이 다르듯이, 피부도 아무리 구조가 같다 해도 사람마다 다른 성질을 가지게 된다.

화장품을 잘 고르기 위해서는 무엇보다도 자신의 피부 성질이 어디에 속하는지를 제대로 아는 것이 중요하다. 평소에 건조한지, 피지가 많이 분비되는지, 특히 햇볕에 약한지 등등을 살펴서 피부 기준에 맞는 화장품을 택해야 한다.

한 예로 평소 피부가 건조하고 주름이 잘 생긴다면 보습에 가장 많은 신경을 써야 한다. 반대로 평소 얼굴에 유분기가 많다면 깔끔한 클렌징을 염두에 두어야 한다. 그렇다면 우리 피부의 성질은 각각 어떻게 분류될까?

일반적으로 우리 피부는 대체적으로 건성, 중성, 지성, 이렇게 세 가지로 나뉜다. 자신의 피부가 어떤 성질을 띠는지는 간단한 체크 포인트로 알아볼 수 있다.

● 피부의 성질을 알아보는 체크 포인트

피부 특성	건 성	중 성	지 성
모공	피부 표면이 매끈한 편이며 모공은 거의 눈에 띄지 않는다.	전반적으로 잘 보이지 않지만 코 옆의 볼 부분이나 미간 등에 부분적으로 눈에 띈다.	전반적으로 모공이 많고 눈에 잘 띈다.
당김	기본적인 세안을 하고 나면 항상 당기는 느낌이 든다.	약간 당김이 있지만 심하지는 않다.	이중, 삼중으로 세안하지 않는 경우, 거의 당김이 없다.
화장 지속력	아침에 화장하면 거의 그대로 남아 있다.	전반적으로 괜찮지만 T존 부위를 중심으로 다소 지워져 있는 편이다.	한 나절을 제대로 넘기지 못하고, 색조 화장도 잘 번진다.
잔주름	눈가와 입가 등등 곳곳에 잔주름이 많고 눈에 잘 띄는 편이다.	부분적으로 있긴 하지만 육안으로 뚜렷이 눈에 띄지는 않는다.	잔주름이 없는 편이다.
뽀루지와 여드름	특별히 피곤하거나 피지 분비가 왕성한 여름을 제외하면 뽀루지나 여드름을 찾아보기 어렵다.	가끔 이마나 턱 부분에 뽀루지가 발생한다.	이마와 턱 부분, 코 끝 외에 볼 부분에 여드름이 발생한 적이 많다.
각질	건조해지면 각질이 잘 생기는 편이다.	부분적으로 생긴다.	각질보다는 피지 찌꺼기가 더 많다.
두께	만져보면 부드럽지만 피부가 얇은 편이다.	부드럽고 두께에 탄력이 느껴진다.	피부 표면이 두꺼운 편이다.

이외에도 복합성 피부와 트러블 피부 등이 있는데 각각의 특성은 다음과 같다.

● **복합성 피부 :** 전체적으로 중성피부와 비슷하나, 볼 부분은 건조한데 T존 부위는 번들거리는 지성 피부가 복합되어 있다.

● **트러블 피부 :** 전체적으로 지성 피부로서 피지 분비가 많고, 생활에 불편할 정도로 좁쌀 여드름이나 큰 여드름이 자주 나는 편이다. 나아가 최근 많이 발생하는 아토피 피부도 트러블 피부의 한 종류로 봐야 한다.

위의 체크 리스트대로 자신의 피부 상태를 알았다면, 각 피부에 걸맞은 스킨케어의 기본을 살펴볼 필요가 있다.

중성피부는 대체로 세안과 보습에만 신경 쓰면 크게 문제가 없지만, 건성, 지성, 민감성 등의 트러블 피부의 경우는 다소 세심한 관리가 필요하다.

다음의 대한피부과의사회가 시중에서 제시한 피부 타입별 스킨케어 가이드이다. 이를 참고로 각 피부의 스킨케어법을 살펴보도록 하자.

● **건성 피부 관리** : 노화 피부라고도 불리는 건성 피부는 일반적으로 피부에 윤기가 없고 버석거리는 경향이 강하다. 건조가 심해지면 트거나 갈라지기도 하며, 각질이 들고 일어나 가렵고 따가운 증상이 나타나기도 한다. 건성 피부는 수분과 유분의 균형을 맞춰주는 것이 가장 중요하다.

건성 피부의 수분 관리 Tip

- 너무 뜨거운 물에 세안하는 것은 건조를 심하게 하는 만큼 미지근한 물로 세안한다.
- 세안 시 이중, 삼중 클렌징 역시 피부 건조의 원인인 만큼 삼간다.
- 세안 후 시간이 지나면 피부 수분이 급격히 빠져나가므로, 30초 이내에 스킨, 로션 등의 기초화장을 시작한다.
- 기초화장 시 보습에 좋은 성분이 많이 함유된 모이스춰라이저를 충분히 바른다.
- 건조한 실내에 오래 있다면 중간 중간 미스트를 충분히 뿌려주고 가습기 사용으로 피부 수분을 고려한다.
- 평소에 물을 많이 마신다.

● **지성 피부 관리** : 여드름 피부라고도 불리는 지성 피부는 늘 얼굴이 번들번들하고 모공이 넓은 것이 특징이다. 지성 피부는 과다한 피지로 여드름이 생기기 쉬우므로 여드름을 발생시키는 오일이나 모공을 막는 스테아린산 등의 화장품 성분을 조심해야 한

다. 유분이 많은 제품도 피부 각질 제거를 방해하므로 피하는 것이 좋다. 평소 수렴과 진정 효과가 있는 수렴 화장수를 충분히 사용하고, 피부 표면의 지방 성분을 줄이는 스킨케어가 필요하다.

지성 피부의 피지 관리 Tip

- 클렌징 시 클렌징 오일, 클렌징 크림, 클렌징 워터 등 다양한 제형의 클렌징 제품을 적절히 활용하여 깨끗이 세안하도록 노력한다.
- 두꺼운 메이크업은 모공을 막는 만큼 미네랄 오일이나 탈크가 들어 있는 제품 등은 피한다.
- 수정 화장 시 그대로 피부 위에 제품을 덧바르는 대신, 반드시 피지 제거 페이퍼로 과잉 분비된 피지를 닦아낸 후 수정 화장한다.
- 모공을 닦아주고 각질을 제거해주는 수렴 화장수를 충분히 사용한다.
- 평소 식생활에서 기름기가 과다한 음식을 줄이고, 신선한 야채를 많이 섭취한다.

● **트러블 피부 관리** : 민감성 피부라고도 불리는 트러블 피부는 피부염, 아토피, 건선 등의 피부 질환에 걸릴 가능성이 높다. 특히 화장품으로 인한 자극으로 인하여 피부 질환이 생기거나 악화될 수 있는 만큼 화장품 선택에 주의를 기울여야 한다. 피부 자극 물질을 판별할 수 있는 '첩포검사'를 통해 피부 질환 유발 원인이나 악화 인자를 찾아 자신의 피부에 맞지 않는 화장품 성분을 꼼꼼히 체크해 피해야 한다. 민감성 피부의 경우 진정 효과가 있는

제품을 사용하고, 반대로 방수 성질이 있는 워터프루프 제품은 피하는 것이 좋다.

민감성 피부의 트러블 관리 Tip

- 민감성 피부는 화장품을 많이 사용할수록 손해라는 점을 기억하고 꼭 필요한 제품만 선별해서 사용하도록 하자.
- 피부 자극에 예민한 만큼 세안 시 강한 자극은 피하도록 한다. 특히 필링 제품을 통한 무리한 각질 제거 등은 피하도록 한다.
- 피부 수렴과 진정 성분이 있는 화장품을 잘 골라 사용한다.
- 여름에는 시원한 쿨링 팩 등으로 관리하고, 건조하면 가려움 등이 발생하는 만큼 환절기에는 충분한 보습에 신경 써준다.

피부 관리는 평생 하는 것인 만큼 자신의 피부 상태를 일찍 아는 것은 큰 도움이 된다. 나아가 나이가 들수록 유분기가 줄어들어 건성은 극건성, 중성은 복합성이나 건성으로 변하기도 하므로, 정기적인 피부 체크로 시기마다 최적의 스킨케어를 제공하자.

6) 계절에 따라 달라지는 피부 상태의 비밀

우리 피부는 외부의 환경에 따라 민감하게 반응하며 균형을 유지한다. 우리나라는 사계절이 뚜렷하고 각각의 계절마다 온도와 습도가 크게 달라지는 만큼, 계절별 스킨케어에도 신경 써야 한다. 각각의 계절마다 주요한 스킨케어 방법들을 미리 알아두자.

● 봄철 피부 관리

봄은 겨울보다 햇빛도 강해지고 바람도 심해진다. 겨울 동안 잠자고 있던 피부가 점차 신진대사를 회복하는 시기이기도 하다. 이때는 중국에서 불어오는 황사 현상 등으로 피부 건조가 심해지고, 바람 속에 섞인 먼지와 모래가 피부를 자극하여 모공을 막아 트러블을 초래하고 주름의 원인이 되기도 한다. 또한 기온이 상승하면서 땀과 피지 분비가 활발해져 여드름이 나기 쉬우며, 자외선으로 인한 기미와 주근깨도 많이 생기게 된다.

황사와 강한 햇볕으로부터 피부를 보호하려면 무엇보다 보습과 청결에 신경 써야 한다. 미지근한 물로 꼼꼼히 세안 해주고, 수분크림이나 팩 등으로 부족한 수분을 공급하여 촉촉한 피부를 유지해야 한다. 외출 시에는 자외선 차단 지수 15 이상의 제품으로 피부 손상과 기미, 주근깨를 방지한다.

● 여름철 피부 관리

　찌는 듯한 날씨와 쏟아지는 자외선, 흐르는 땀과 피지 분비로 피부 유·수분 밸런스와 pH 균형이 깨져 트러블이 생기기 쉬운 계절이다. 게다가 자외선에 과다하게 노출된 피부는 화상을 입거나 잡티가 생기고, 과다한 냉방 시설로 수분을 빼앗기면서 피부 탄력도 저하된다. 특히 무리한 야외활동과 선탠 등은 피부 노화를 일으키고 탄력을 떨어뜨릴 뿐만 아니라 지나치면 피부암을 유발할 수 있는 만큼 주의가 필요하다. 특히 자외선은 오전 10시에서 오후 2시 사이에 최대치를 기록하는 만큼 이 시간에는 되도록 햇빛 노출을 피해야 한다.

　여름철 피부 관리에서 가장 중요한 것은 꼼꼼한 세안으로 청결을 유지하는 것이다. 땀과 피지 등 분비물이 많은 만큼 깔끔한 세안에 주력하며, 시원한 오이 팩이나 감자 팩 등으로 수분 및 탄력을 증대시키면 좋다. 특히 자외선 차단제품을 사용하는 것은 이 시기에는 더더욱 생활화해야 한다.

● 가을철 피부 관리

기온이 떨어지면서 피부가 조금씩 민감해지고, 건조한 바람과 날씨로 수분이 부족해지기 쉬운 시기이다. 또한 여름의 흔적으로 피부색이 칙칙하고 생기가 떨어진다. 이 시기에는 세안을 할 때 피부의 유분을 빼앗기지 않도록 미지근한 물을 사용하며, 일주일에 한두 번 스팀 타월 후 마사지로 피부에 영양을 공급해주어 겨울 동안의 피부 트러블을 방지해야 한다. 세안 후에는 기초에 신경 써서 피부를 촉촉히 유지시켜 주는 것이 중요하다. 일주일에 한두 번씩 보습팩이나 수분팩 등을 통해 각질을 제거하는 것도 피부 재생에 중요하다. 과일과 야채를 충분히 섭취해 비타민과 미네랄을 보충하는 것도 필요하다.

● 겨울철 피부 관리

겨울은 추위가 심해지면서 피지와 땀 분비는 현저히 줄어들어 피부가 건조하고 거칠어지기 쉽다. 이때는 각질 제거와 모이스춰라이징이 아주 중요하다. 특히 지나친 난방으로 수분이 손실되면 건조 현상과 버석거림, 잔주름의 즉각적인 원인이 된다.

일주일에 두세 번 정기적인 마사지와 팩으로 피부 신진대사를 원활하게 해주고 묵은 각질을 제거하면 투명하고 부드러운 피부 톤을 유지할 수 있다. 겨울철에는 특히 피지선이 없는 눈가와 입술을 비롯한 입 주위가 건조해지고 잔주름이 생기는 만큼 이 부분의 보습에도 신경 써야 한다. 세안 후 기초 손질을 할 때 보습력이 강한 크림을 사용하면 영양공급을 충분히 할 수 있다.

뷰티 전문가가 권하는, 피부를 위한 10계명

계명1. 광고에 속지 말라

화장품 광고 모델들의 사진을 보면서 광고되는 제품을 사용하면 당신도 똑같거나 유사한 결과를 얻을 것이라고 믿지 말라. 이들은 헤어와 메이크업을 하는 데 2시간을 보내며, 조명을 쏘아 피부를 밝게 만들며, 그 결과로 얻은 사진은 굉장한 포토샵 보정과정을 거쳐 전혀 새로운 상태를 만들어낸다.

계명 2. 올바른 식습관을 가져라

항산화가 풍부한 식품을 섭취하면 피부에 상당히 이롭다. 진한 색의 베리, 신선한 연어, 아보카도, 버터넛 스쿼시, 녹차 등이 안티에이징에 필수적인 슈퍼 푸드이다. 달콤하고 짠 음식은 피해라. 당분이 너무 많은 식품들은 콜라겐을 파괴하고 탄력을 떨어뜨리며, 오히려 주름이 생길 수 있는 가능성을 높인다. 염분이 많이 들어있는 식품은 붓기를 더하게 하고 피로해 보이는 피부로 만들게 될 것이다.

계명 3. 매일 자외선 차단제를 사용하라

태양은 친구가 아니라 적이다. 태양이야말로 주름과 피부 암의 주요 원인이다 (햇볕 화상을 입는 것 뿐 아니라, 매일 태양 노출로 인해 피부가 갈색으로 변하는 것 또한 피부에 똑같은 손상을 주는 것이다).

그럼에도 아직도 제대로 자외선 차단제를 사용하지 않는 사람들이 많다. 한 조사에 의하면 자외선 차단제를 매일 사용하는 사람은 겨우 10%에 불과하다고 한다. 자외선 차단제의 사용은 피부 손상을 예방하고 안티에이징을 돕는 데 가장 중요한 역할을 한다. 아무리 좋은 스킨케어 제품을 사용한다 해도 자외선 차단제 사용을 빼먹는다면 아무런 소용이 없다.

참고로, 자외선 차단제는 365일 반드시 사용해야 한다. 흐린 날씨에 실내에만 있다고 하더라도 마찬가지이다. 자외선은 구름을 투과해서 창문을 뚫고 우리 피부에까지 전달된다. 매일 UVA/UVB 광선이 모두 차단되는 자외선차단제를 사용하는 것은 같은 나이의 사람들보다 더욱 젊어 보일 수 있는 유일한 방법이다.

계명 4. 효과적인 클렌징을 하라

메이크업을 완벽하게 지우는 것은 아주 중요하다. 메이크업 잔여물이 남아 있다면, 모공을 막게 되고, 피부 손상의 자극을 일으키며 눈가를 붓게 할 수 있다.

이런 상황을 피하고 싶다면, 순하고 무향인 수용성 클렌저를 사용해야 한다. 만약 아이 메이크업을 진하게 한다면 무색, 무향의 자극이 없는 메이크업 리무버를 사용해서 마지막 잔여물까지 남기지 않고 지우도록 해라.

계명 5. 절대 한 가지 제품에만 의존하지 말라

모든 것을 해결해주는 기적적인 성분이나 제품은 없다. 좋은 효과를 위해서라면 한 가지 제품만으로는 부족하다. 피부에 필요한 몇 가지의 제품들이 함께 사용되었을 때 좋은 기능을 할 수 있게 된다. 어떤 제품들은 여러 기능을 할 수 있기는 하지만 피부는 한 가지 이상의 제품이 필요하다.

- 순한 클렌저

- 항산화제와 피부 유사 성분들로 이루어진 토너

- 항산화제가 함유되어 있는 낮 시간용 자외선 차단제

- 세럼, 젤, 로션, 크림과 같은 항산화제가 함유되어 있는 저녁시간용

  모이스처라이저

- AHA나 BHA 각질제거제

- 기미, 여드름, 지성, 블랙헤드에 효과적인 트리트먼트 제품

계명 6. 절대 피부를 당기지 말라

피부를 문지르고 당기는 행동은 피부의 탄력 조직을 늘어
트려 처짐 현상을 만드는 주원인이 된다. 마스카라를 지울
때나, 눈가가 가려워 비빌 때는 자극이 없이 매우 가볍게 문
질러 주어라. 절대 자주 피부를 당기거나 세게 문지르지는
말아야 한다. 이 부분만 조심해 주어도 피부가 축 처지는 것
으로부터 예방할 수 있다.

계명 7. 꼭 안티에이징 성분이 들어 있는 파운데이션을 사용하라

정말 피부 개선에 도움을 줄 수 있는 자외선차단제, 항산화
제, 세포 대화 성분, 피부 유사 성분 같은 최신 성분들로 이루
어진 훌륭한 파운데이션 신제품들이 있다. 따로 추가적인 제
품을 사용하지 않고도 파운데이션으로 효과를 볼 수 있다.
자외선 차단제까지 함유되어 있다면 훨씬 좋을 것이다.

계명 8. 잊지 말라. 항산화, 항산화, 그리고 또 항산화!

식품으로 항산화를 섭취해 주는 것과 같이 피부에도 집중적으로 사용하는 것은 필수적이다. 피부는 우리 몸의 가장 큰 조직으로서, 여러 가지 건강에 좋은 요소들이 필요하다. 항산화제는 피부를 파괴하여 염증을 유발하는 유리기 손상을 방지한다. 또 피부 재생과 건강한 콜라겐 생성을 돕는다. 이런 효과에 어떻게 좋아하지 않을 수 있겠는가.

단, 피부에 훌륭한 역할을 하는 여러 가지 항산화제 중에서 어떤 성분만이 피부에 가장 좋다라고 하는 것은 아니다. 광고에서 말하는 것들을 모두 믿지 말아라. 정말 어려 보이고 피부에 효과적이기 위해서는 강하고 안정적인 항산화제들이 조합된 것을 사용해라.

계명 9. 필요시, 피부과 시술을 생각해봐라

많은 여성들은 보톡스, 더마 필러, 레이져, IPL, 프락셀 그리고 화학 필링의 시술은 금액적으로 부담이 된다는 이유로, 같은 효과를 줄 수 있다는 스킨케어 제품으로 대체한다. 물론 제품들을 사용함으로써 피부에 좋은 효과를 줄 수는 있지만, 피부과 시술만큼 확실한 효과는 기대할 수 없다. 피부과 시술은 금액적으로 비싸다고 느껴지더라도 장기적으로 볼 때, 가격대비 그 효과도 커서 그만큼 많은 돈을 아낄 수 있다. 그렇다고 스킨케어가 중요하지 않다는 말은 아니다. 당연히 성분 배합이 잘 된 제품을 꾸준히 사용해서 피부에 좋은 효과를 주어야 한다. 하지만 피부는 노화가 될 수밖에 없다는 사실도 기억해라. 광고에서 뭐라고 하던, 스킨케어 제품은 확실히 한계가 있을 수밖에 없다.

계명 10. 나쁜 습관을 버려라

건강한 피부 관리를 원한다면, 당신의 라이프스타일을 너무 과소평가하지 말자. 다른 모든 것들을 다 잘한다고 해도 만약 당신이 담배를 피우고, 태닝을 하고 나쁜 성분들로 피부에 자극을 준다면 아무 소용없게 된다.

물론, 당장은 나쁜 결과가 나타나지 않아 피부가 손상되고 있다는 것을 느끼지 못할 수도 있다. 하지만 계속 이러한 자극들이 축척이 되다 보면 피부 관리에 이보다 더 나쁠 순 없을 것이다.

똑똑하게 화장품 고르는 법

1) 명품이라는 말에 속지 말라

2) 광고에 현혹되지 말고 직접 찾아라

3) 가격보다는 성분의 함량을 확인하라

4) 성분 표기를 확인해 유해 물질을 확인하라

5) 반드시 매장에서 살 필요는 없다

6) 최상의 화장품을 찾는 노하우는 있다

1) 명품이라는 말에 속지 말라

최근 백화점에서 파는 브랜드 화장품을 명품 화장품이라고 부르는 경우가 많다. 잘 알려져 있다시피, 명품이란 오랜 세월 동안 자기만의 기술력과 철학을 꾸준히 지켜온 회사들이 내놓는 제품에 붙이는 이름이다.

물론 화장품에서도 예외는 아닐 것이다. 백화점에 입점해 있는 회사 중에는 근 한 세기 동안 여성들의 피부를 책임져온 회사들도 분명히 존재한다. 같은 가방이나 구두라도 명품 회사들이 만들면 몇 배 비싼 값에 팔리듯이, 이 브랜드 화장품들도 시중 화장품의 몇 배 가격에 판매된다.

물론 머리부터 발끝까지 명품을 추종하는 요즘 같은 세상에 이를 무조건적으로 비판할 것만은 아니다. 그러나 여기서 화장품 소비자들이 놓치고 있는 부분이 있다. 과연 이 명품 화장품 회사들이 소비자들에게 충분한 만족감을 주고 있는가다.

최근 불황이 길어지면서 화장품 소비자들이 백화점 화장품에 등을 돌리고 있는 이유도 이와 관련이 있다. 적게는 몇 배, 많게는 몇 십 배 비싼 금액을 주고 산 화장품의 성분이 중저가 화장품 성분과 크게 다를 바 없다는 점이 속속 밝혀졌기 때문이다. 나아가 화려한 광고로 브랜드 값을 천정부지로 올려놓은 제품들이 버

것이 유해 성분을 사용하는 경우도 적지 않다. 최근 백화점에서 판매하는 유명 브랜드의 수입화장품들에서 기준치 이상의 유해 물질이 발견되는 사례가 왕왕 있다. 심지어 무색소, 무향료, 무방부제를 표방하고도 은근슬쩍 다른 유해물질을 끼워 넣는 제품도 있다.

이런 상황에서 아름다운 이미지를 파는 브랜드 광고에 눈이 멀어 비싼 금액을 지불하는 것은 바보짓이라는 점을 소비자들이 깨달아가고 있는 것도 자연스러운 흐름일 것이다.

단적으로 말해, 화장품은 일종의 소비재이다. 가방이나 구두 등의 명품 제품들은 오랜 기간 사용이 가능하고, 장기 보관이 용이하며, 세월의 흐름에도 크게 영향을 받지 않는다.

그렇다면 화장품은 어떤가? 기껏해야 유통기한이 1~2년이며, 개봉 시에는 그 기한마저 급격히 줄어 6~1년 사이에 소비된다. 즉 오래 보관할 수 없고, 철마다 바꿔야 한다는 점에서 화장품은 전적으로 피부에 얼마나 훌륭한 효과를 줄 수 있는가로 그 가치가 결정된다. 그럼에도 비싼 돈을 주고 산 그 제품이 일반 화장품 가게에서 산 제품과 성분이나 제조 과정, 효과에 큰 차이가 없다면 어떻겠는가?

아름다운 케이스나 브랜드 가치도 중요하다. 하지만 스킨케어 화장품을 밖에까지 들고 나가서 쓰는 경우는 극히 드물다. 게다가 화장품은 내게 맞는 것이 무엇보다 중요하다. 명품의 화려함만으로 그 가치를 평가하기에, 화장품은 우리 생활과 너무나 가까운 소비재이자 우리 피부의 건강과 직결된다.

명품이라는 허상에서 벗어나면 같은 가격으로 구입할 수 있는 훌륭한 제품들이 눈에 보이기 시작할 것이다. 평생 사용하는 제품인 화장품, 단순한 제품 가치에 갇힐 것인가, 아니면 내게 맞는 제품들을 찾아내기 위해 꾸준히 노력할 것인가는 이제 여러분에게 달렸다.

2) 광고에 현혹되지 말고 직접 찾아라

명품화장품이 아니더라도 좋은 제품은 많다는 것을 앞서 말했다. 그렇다면 그런 제품들을 어떻게 찾아낼 것인가?

놀랍게도 대부분의 화장품 소비자들이 화장품을 선택하는 기준은 광고인 경우가 많다. 여러분도 지금 당장 화장대를 살펴보라. 여러 화장품들 중에 광고를 보고 산 화장품이 몇 개인지 세어 보면 아마 놀랄 것이다. 어쩌면 화장대의 절반, 아니 거의 전부가 나도 모르게 심어진 광고 이미지로 고른 것들일 수도 있다.

우리나라는 화장품 광고의 천국이다. 텔레비전에서는 물론, 신문과 라디오, 다양한 잡지들, 화장품 숍들, 심지어 버스 정류장과 지하철 옥외, 차량 내 광고판에도 무수한 화장품 광고들이 나붙는다. 이쯤 되면 머릿속으로 온갖 광고들이 뒤섞여 무엇을 골라야 할지 난감하기까지 하다.

좋은 화장품을 고르는 기준은 의외로 단순하다. 바로 화장품의 본 기능, 즉 기본을 잘 지키는 화장품을 찾아야 한다. 광고는 어디까지나 눈을 현혹하기 위해 만들어진 것인 만큼, 그 화장품을 산다고 해도 광고에 등장하는 피부처럼 될 수 없다는 점을 인정해야 한다.

나아가 입소문이라는 것도 100% 신뢰할 만한 것은 아니다. 아무리 예쁜 신발도 발에 맞지 않으면 소용이 없듯이 화장품은 내 피부에 잘 맞아야 한다. 그저 소문만 듣고 곧바로 구입했다가 피부 타입, 트러블 등으로 고생하는 사람들이 많다. 사람마다 성격과 체질이 다른 것처럼, 사람마다 피부 성질도 다르다는 점을 기억해야 한다. 그렇다면 내게 맞는 좋은 화장품은 어떻게 고를 것인가?

첫째, 제일 중요한 것은 각자의 피부 상태와 걸맞은 성분을 확인하는 것이다.

2장의 5) 에 명시해놓은 건성, 중성,지성, 민감성 피부 구분을 충분히 살펴보고 화장품 구매 시 반드시 참조하도록 하자.

둘째, 통틀어 인체에 유해한 성분이 든 화장품은 아무리 효과가 좋다고 소문이 났더라도 피해야 한다. 잘 알려진 그 효과가 결과적으로 독한 유해물질이 내는 일시적인 효과일 가능성이 높다.

셋째, 샘플을 사용하고 구매하는 습관을 생활화해야 한다. 아무리 예쁜 옷도 자신에게 어울리지 않으면 쓸모가 없다. 화장품을 고를 때 중요한 것은 얼마나 내 피부를 장기적으로 건강하게 바꿔줄 것인가 하는 것이다. 즉 피부에 깊이 스며들어 영양 성분을 잘 전달해 피부의 기초 체력을 길러주고 자극 없이 피부를 휴식과 안정 상태로 지켜주는 능력이 필요하다. 따라서 질감과 향, 효능 면에서 꾸준히 믿고 사용할 만한 화장품을 골라 장기적으로 쓰는 것이 화장품을 잘 사용하기 위한 가장 중요한 포인트라고 할 수 있다.

실제로 소문만 듣고 곧바로 구입했다가 피부 타입, 트러블 등으로 고생하는 사람들이 많다. 화장품도 일부는 트러블 등이 나타날 수 있는 만큼 본격적으로 사용하기 전에 반드시 체험을 통해 그것이 자기 피부 타입과 맞는지, 기대했던 효과를 볼 수 있겠는지 등을 가늠해야 한다.

해당 화장품이 나에게 잘 맞는지를 가장 확실히 확인하는 방법은 샘플을 사용해보는 것이다. 샘플을 달라고 하는 것이 민망하다고 느껴지는가? 샘플 역시 소비자들이 지불하는 화장품 값의 일부로 만들어진다. 따라서 사용하기 전에 샘플을 요구하는 것은 당당한 소비자의 권리이다.

요즘은 화장품 회사들도 샘플링의 중요성을 잘 알고 적절한 체계를 갖추고 있는 만큼, 어떤 제품을 사용하고자 한다면 반드시 그 샘플을 적어도 1주일간 사용함으로써 구입 후 후회하는 일을 방지하는 것이 좋다.

3) 가격보다는 성분의 함량을 확인하라

고급 레스토랑의 기본은 좋은 재료다. 손님들이 비싼 값을 지불하는 만큼 좋은 재료를 사용해 정성껏 만들어낸다. 좋은 재료가 값도 더 비싸며, 훨씬 훌륭한 맛을 낸다는 것은 기정사실이다. 화장품도 다르지 않다. 특히 피부에 바르는 기능성 화장품들의 경우 피부에 좋다고 알려진 유효 성분들을 얼마나 잘 활용하는가가 관건이다.

피부 개선과 노화 방지에 탁월한 기능을 하는 성분들로는 콜라겐, 스쿠알렌, 다양한 천연 허브, 올리브 오일, 히아루론산 같은 신개발 물질 등이 있다. 많은 화장품 회사들이 이 유효 성분들을 화장품 개발에 이용하고, 이 성분들을 첨가한 화장품을 대대적으로 광고한다. 나아가 분기마다 새로운 신 물질을 개발하고, 이 성분이 든 제품을 기능성이라는 이름 하에 비싸게 판매한다.

그러나 단순히 해당 화장품에 유효 성분이 들어 있다는 사실은 중요하지 않다. 진짜로 살펴봐야 할 점은 그 유효 성분이 얼마나 함유되었는가다. 당장 화장대를 살펴보면, 여러분의 화장대에도 기능성이라는 마크가 붙은 제품이 한두 개는 있을 것이다.

실제로, 소비자들이 화장품을 구매할 때 중요시 여기는 것 중에 하나가 기능성 인증 마크다. 효과가 더 좋아 보이면 소비자들의 구매 욕구가 커지기 때문에, 화장품 제조사들도 인증마크를 포장상자나 용기에 눈에 띄게 기재하고 있다.

실로 이 인증 마크의 효과는 놀랍다. 이 마크는 마치 훈장처럼 그 제품의 가격을 크게는 몇 배나 뛰게 만든다. 그렇다면 이 기능성 인증에도 허와 실이 숨어 있다는 사실을 아는가?

이 화장품들은 주름이면 주름, 미백이면 미백, 모공이면 모공, 다양한 피부 문제들을 훨씬 효과적으로 개선해준다고 광고한다. 물론 나날이 발전하는 피부 과학의 현주소를 확인할 수 있다는 점에서 고무할 만한 상황이지만, 실제로 이 제품을 바르고 획기적인 피부 개선을 경험한 소비자가 몇 명이나 될지, 이 기능성 제품들에 필요 이상의 금액을 지불하고 있는 건 아닐지도 살펴야 한다.

한 예로 아시아 여성들은 주름 개선과 미백 효과에 열광한다. 우리나라의 미백 화장품 시장도 지난 몇 년간 무려 40% 가까운 성장세를 보여왔다. 나아가 주름 개선도 여성들이 열정적으로 요구하는 기능인데, 우리가 열광하는 '미백 기능성 인증'이나 '주름 개선 기능성 인증' 절차가 지나치게 간단하게 진행되고 있다는 점을 아는가?

흔히 기능성 인증이라고 하면 복잡한 과정과 검사를 거쳐 탁월한 제품에만 인정해주는 것으로 알고 있지만, 사실은 그렇지 않다. 특별한 원료와 공법이 굳이 없어도 정해진 기능성 고시에 포함된 원료를 함량 기준에 맞게 첨가하면 쉽게 인증을 받을 수 있는 게 현실이다. 예를 들어 주름에 좋다는 레티놀, 미백에 좋다는 알부틴 등 이런 성분들을 일정 퍼센트만 첨가하면 가격이 몇 배나 높은 기능성 제품이 되는 것이다.

물론 이런 제품들이 전혀 효과가 없다는 말은 아니다. 다만 이런 기능성 인증을 지나치게 강조하면서 기적의 개선 효과가 있는 것처럼 지나치게 비싼 가격을 매기는 화장품 회사도, 기능성에 현혹되어 다른 부분을 살펴보지 않고 무조건 지갑을 여는 소비자도 다시 한 번 재고해봐야 한다.

아무리 좋은 원료도 충분한 양이 피부에 작용하지 않으면 그 효능을 발휘하기가 어렵다. 다시 말해 유효 성분의 함유량이 높지 않다면, 그 화장품은 그저 물과 기름 덩어리에 불과한 것이다. 따라서 피부에 좋은 유효 성분을 함유한 화장품을 고를 때에는 그 임상실험 결과는 물론, 그 물질의 함유량이 어느 정도인지를 반드시 확인해야 한다.

한편 유효 성분이 함유되어 있음에도 가격이 너무 싼 제품도 의심할 필요가 있다. 피부에 도움이 되는 성분들의 경우 그 가격이 어마어마하다. 따라서 이런 물질이 든 화장품은 함량이 높을수록 가격도 비싸지게 마련이다. 그럼에도 가격이 지나치게 싸다면, 유효 물질 함량은 매우 낮고 그에 대체하는 화학물질이 다량 함유되어 오히려 피부에 해가 될 가능성이 높다.

마지막으로, 눈으로 확인할 수 있는 성분 표시가 적을수록 좋은 화장품일 가능성이 높다. 너무 많은 화학물질이 들어간 제품의 경우는 부족한 유효성분을 대체하기 위해 싼 물질들을 다량 첨가한 경우가 많다.

반면 최소한의 성분으로 만들어진 화장품의 경우는 그 적은 성분만으로 효과를 내야 하는 만큼, 그 효능이 확증된 물질을 충분하게 사용하는 경우가 많다. 다양한 성분이 높은 효과를 보장하는 것은 아님을 기억하자.

4) 성분 표기를 확인해 유해 물질을 확인하라

평균 수명을 80으로 잡고 본격적으로 화장을 시작하는 나이를 20살로 볼 때, 일생에 우리가 화장품을 사용하는 기간은 무려 60년이나 된다. 아무 화장품이나 사용해서는 안 되는 이유가 여기에 있다. 아주 작은 유해물질이라도 이것이 60년 가까이 내 몸에 축적되면 반드시 문제를 일으키기 때문이다.

실로 적잖은 화장품들이 유해물질 덩어리로 이루어져 있다. 그나마 다행인 것은 최근 화장품에 전 성분 표시가 의무화되면서 방부제, 색소, 향료 등 유해 성분도 의무적으로 표기하도록 되었다는 사실이다.

그러나 아직도 이 전 성분 표시를 꼼꼼히 살펴보고 화장품을 선택하는 소비자들은 많지 않다. 설사 이런 성분이 나쁜 것을 알아도 아주 미량이니 괜찮을 것이라고 믿고 사용한다. 또한 적잖은 사람들이 화장품은 어떤 걸 사용하건 아끼지 않고 듬뿍, 꾸준히 발라주면 피부를 건강하게 만들어준다고 믿는다. 하지만 유해물질 범벅인 질 낮은 화장품을 지속적으로 사용하는 것은 장기적으로 피부에 독을 쌓아 치명적 손상을 일으킨다.

르네상스 시대 여성들은 희고 창백한 피부에 대한 선망으로 두껍게 분칠을 하는 것이 유행이었다. 그러다가 나중에는 피부가 퍼렇게 변하는 청색증에 시달렸는데, 이는 분에 들어 있는 납과 수은 성분 때문이었다. 목숨을 걸고도 아름다워지려는 것이 여자의 마음이라지만, 이런 경우는 아예 화장품을 사용하지 않느니만 못한 것이다.

그렇다면 현대의 화장품은 과연 얼마나 다를까? 회사들이 유해한 화학물질을 과다하게 첨가하는 이유에는 소비자의 잘못도 있다. 대부분의 소비자들은 화장품을 택할 때 효과가 아주 빨리 나타나기를 바란다. 바르는 즉시 피부가 탱탱해지고 주름살이 줄어들기를 바란다.

그렇다면 화장품 회사들은 어떻게 이런 소비자들의 요구를 충족시킬까? 바로 화학물질의 힘을 빌려서다. 한 예로, 바르자마자 즉시 주름이 사라지거나 처짐이 개선되는 화장품들이 있는데, 그 이유는 그 화장품에 포함된 합성 폴리머가 피부 표면에 막을 치고 피부를 당겨주기 때문이다. 나아가 앞서 말한 수은도 미백 효과에 탁월한 효능이 있다고 알려져 있다. 다시 말해 즉각적으로 효능을 보여준다고 광고하는 제품일수록 더 많은 화학성분들이 배합되어 있을 가능성이 높다.

이 합성 화학 물질들은 불순물이 없어서 즉효성이 있고 무엇보다도 천연 추출물이나 재료에 비해 대량으로 합성하므로 값이 싸다. 다시 말해 화장품 회사들은 성급한 소비자들의 요구에 따라 값싸고 독한 화학물질을 대량 첨가한 화장품을 만들어내고 있는 셈이다.

이런 상황을 돌이켜 안전한 화장품을 사용할 수 있는 길은 다른 게 아니다. 화장품은 결코 마법처럼 우리 피부를 순식간에 젊게 해줄 수 있는 것이 아님을 기억하는 것이다. 또한 화장품의 본래 목적은 우리 피부를 가장 좋은 상태로 유지하고 청결하게 가꿔주는 것임을 기억하고, 자신이 사용하는 화장품에 대해 소비자가 먼저 알고 요구해야 할 것이다. 전 성분 표시를 확인하고, 만일 그 화장품이 제대로 만들어진 것이라면 지속적으로 곁에 두고, 그렇지 않다면 뒤도 돌아보지 않고 떠나야 한다.

다음은 화장품을 고를 때 주의해야 할 성분들을 표기해놓은 것들로서 따로 수첩이나 포스트잇 등에 옮겨 적어 살펴보고, 화장품을 구매할 때 꼼꼼하게 비교해보도록 하자.

덧붙여 말하자면 화장품의 전 성분 표기는 대부분 포장재에 기재되어 있다. 이는 화장품을 살 때 가장 먼저 버리는 부분이 포장재이기 때문이다. 만일 화장품 용기에 성분이 표시되어 있다면, 사용하는 동안 계속해서 성분 표기를 읽게 되고 그 과정에서 그 화장품의 실체를 명확하게 확인하게 되기 때문이다.

또한 화장품 매장에서 포장재를 살펴보며 성분 표시를 살피는 소비자들도 적다는 것도 화장품 포장재에 전 성분 표시를 하는 이유이다. 포장재를 버리고 나면 성분 표기를 제대로 확인하기 어려운 만큼, 화장품을 사기 전에 번거롭더라도 포장재를 잘 살펴 성분을 비교해보도록 하자.

◆ 반드시 주의해야 할 화장품 성분 7가지

화장품의 유해성 물질을 방지하려면 일단 그 유해성 성분으로는 뭐가 있는지 알아야 한다. 어쩔 수 없이 화장품에 포함되는 화학성분들 중에서도 유독성은 각각 천차만별이다. 지금부터 반드시 피해야 할 화학 성분들을 알아보고 화장품을 고를 때 유의하도록 하자.

① 미네랄 오일

미네랄 오일은 언뜻 좋은 것처럼 보이지만, 결국 원유를 석유로 정제하는 과정에서 생성되는 부산물로 대량으로 생산되는 값싼 재료다. 사용할 때는 얼굴을 부드럽고 광택 나게

하고 보습력이 좋지만, 피부 지방을 빼앗고 모공을 막아 모공이 늘어나고 피부 노화가 촉진된다. 또한 기름 성분은 산화되면 이상한 냄새를 풍기거나 변색되는데 이때 생성되는 과산화 물질이 피부를 자극하고 몸속에 흡수되면 간장 장애와 암을 유발한다.

② 인공 색소

화장품에 쓰이는 인공 색소는 종류가 매우 많다. 두통과 메스꺼움, 구토, 현기증, 기관지 자극 등의 손상을 가져온다.

③ 벤조페논

미국 캘리포니아州 보건부의 최기형성 의심물질 리스트에 포함되어 있다. '최기형성'(催畸形性)이란 선천성 결손아가 출생할 수 있는 위험성을 지칭하는 개념이다.

스킨케어에서부터 헤어케어, 색조화장품에 이르기까지 다양한 종류의 화장품에 변색방지제로 사용되고 있는 성분이다. 특히 자외선차단제에 벤조페논-3이 다수 사용되어 논란이 있다. 이 같은 화학적 자외선 차단제 성분은 자외선을 흡수, 분해하는 과정에서 열을 발생시켜 피부를 자극하고 알레르기 반응을 일으키는 만큼 민감성 피부일수록 피하는 것이

바람직하다.

④ 파라벤

파라벤은 화장품이 상하지 않도록 쓰이는 보존제로 파라벤 성분은 피부 자극성분으로 알려져 있을 뿐 아니라 내분비계 교란, 노화 촉진 등 인체 유해성 논란이 있다.

식약청도 파라벤은 내분비계 장애를 일으킬 수 있으니 기준 개선이 필요하다는 연구결과를 발표했지만 아직까지 파라벤 사용 제제에 대한 명확한 기준은 마련돼 있지 않은 상태다. 특히 이 파라벤은 아주 많은 화장품에 함유된 성분인 만큼 반드시 확인해봐야 한다.

⑤ 프탈레이트

플라스틱을 부드럽게 하기 위해 사용하는 화학 첨가제로서 장난감·세제 등 각종 PVC 제품이나 가정용 바닥재 등에 이르기까지 광범위하게 쓰였으며, 화장품이나 향수의 용매재로 사용되기도 했다.

세계 각국은 1999년부터 프탈레이트를 내분비계 장애를 일으키는 환경호르몬 추정물질로 관리해 왔고, 2005년 유럽연합(EU) 독성·생태독성 및 환경과학위원회도 프탈레이트

6종의 위해성 평가를 통하여 발암성과 변이독성, 재생독성이 있는 물질임을 확인하였다. 현재 사용이 금지되었다.

⑥ 아크릴아마이드

식빵 같은 탄수화물을 굽거나 튀길 때 발생하는 강력한 발암물질로서 감자튀김과 포테이토칩에도 함유되어 있으며, 미국의 유방암협회에는 유방암을 발생시키는 물질로 아크릴아마이드를 피할 것을 강력히 경고하고 있다.

현재 이 아크릴아마이드의 일종인 폴리아크릴아마이드가 재형의 점도를 높여 발림성을 좋게 하고, 피부에 피막을 형성하여 부드러운 감촉을 주기 위해 화장품에 쓰이고 있다.

⑦ 프로필렌클리콘

아주 값싼 보습제로서 대부분 석유에서 추출하여 합성된다. 중추신경계 억제와 발작을 일으킬 수 있으며 안구와 피부에 자극을 유발할 수 있다. 또한 알레르기, 발진, 습윤 등을 일으키며 흔히 PEG라고 표기된다.

그 외에 피해야 할 물질 목록

디부틸히드록시톨루엔(DHT) ‖ 미네랄오일 ‖ 부틸하이드록시아니솔(BHA) ‖ 소다움라우릴황산염, 소디움라우레스황산염 ‖ 소르빈산 ‖ 아보벤젠 = 파르솔 1789, 부틸메록시디벤조일메탄 ‖ 이미다졸리디닐유레아, 디아졸리디닐유레아, 디엠디엠히단토인 ‖ 이소프로필메틸페놀 = 이소프로필크레졸 ‖ 이소프로필알코올 = 프로필알코올, 프로페놀, 이소프로페놀, 러빙알코올 ‖ 인공향료 ‖ 티몰 ‖ 트리에탄올아민(TEA) ‖ 트리이소프로파놀아민 트리클로산 ‖ 페녹시에탄올 ‖ 폴리에틸렌글리콜(PEG) ‖ 합성착색료 = 황색 4호, 적색 219호, 황색 204호, 적색 202호 등 ‖ 호르몬류 = 에스트로겐, 난포호르몬, 에스트라지올, 에티닐에스트라지올

5) 반드시 매장에서 살 필요는 없다

앞서 우리는 화장품 가격의 대부분이 광고비나 포장, 유통 등 부수적인 비용으로 빠져나가고 정작 연구개발에는 투자되지 않는다는 사실을 살펴보았다. 이는 매장에서 지불해야 하는 높은 임대료와 인건비, 재고 관리비, 유통비 등이 높아 그 비용을 모두 소비자들에게 부담시키는 구조가 자리 잡고 있기 때문이다.

때문에 최근에는 유통관리비와 매장 임대료 등을 대폭 줄이고, 대신 저렴한 가격으로 승부하고 있는 통신판매, 방문판매가 급증하고 있다. 특히 인터넷의 발달로 온라인 시장이 발달하면서 많은 여성들이 전화나 인터넷 등으로 화장품을 주문하고 있다. 이처럼 유통과 매장비를 줄일 때 화장품 가격이 얼마나 저렴해질 수 있는가는 방문판매의 한 예를 봐도 알 수 있다.

최근 화장품 커뮤니티에서 방문판매가 핫이슈로 떠오른 적이 있었다. 백화점에서 고가로 팔리고 있는 모 브랜드의 화장품이 방문판매로는 같은 가격에 본품의 몇 배가 넘는 샘플을 제공하고 있었기 때문이다. 한 네티즌이 방문판매로 받은 엄청난 샘플을 공개하자 수없는 댓글이 달렸다. 그 방문판매원의 연락처를 알려달라는 댓글들이었다.

샘플은 공짜라고 생각하기 쉽지만, 샘플 역시 소비자들이 지불한 금액으로 만들어진다. 다시 말해 이 제품의 방문판매 사원은 매장을 여는 대신, 직접 판매를 고수함으로써 낭비되는 유통비용과 매장 비용을 소비자들에게 샘플로 되돌려줄 수 있었던 것이다.

비단 방문판매뿐만이 아니다. 온라인 매장을 열고 소비자를 만나는 온라인 판매, 카달로그를 보고 주문하는 전화 판매, 네트워크를 가진 회원들의 소개로 이루어지는 인터넷 네트워크 판매 등 다양한 판매로가 개척되고 있다. 이런 제품들의 경우 앞서도 말했듯이 다른 부가비용을 줄인 만큼 연구개발에 충실한 실속 있는 제품들을 내놓는 경우가 적지 않다.

물론 브랜드마다 그 성분도 충실함도 다른 만큼 꼼꼼히 살펴봐야 하겠지만, '화장품은 무조건 화장품 가게에서 사야 한다'는 공식을 가졌다면, 이제는 그 공식을 재고해봐야 할 때가 온 듯하다.

6) 최상의 화장품을 찾는 노하우는 있다

좋은 화장품을 고르기 위한 가장 기본은 화장품에 대한 올바른 기준을 가지는 것이다. 혹자는 화장품을 필요악이라고 이야기한다. 화장품 회사들이 인간의 아름다워 보이기 위한 욕망을 이용해 돈을 벌면서도, 제대로 된 화장품을 만들지 않고 있다고 비난한다. 그럼에도 화장품은 필수품이니 쓸 수밖에 없다고 말한다.

또 어떤 사람은 화장품은 제대로 이용하면 아름다움을 위해 꼭 필요한 것이라고 말한다. 물론 질 낮은 화장품, 유해한 성분들이 난무하지만, 이 부분에 지식을 가지고 최대한 제대로 된 제품을 고르는 안목을 기르는 것이 우선이라고 말한다.

여러분은 어느 쪽을 택하겠는가? 물론 사람마다 생각이 다르겠지만, 화장품의 역사가 유구한 만큼 앞으로도 화장품을 이용하는 소비자들은 사라지지 않을 것이다. 따라서 화장품을 이용하는 소비자, 화장품을 판매하는 회사 모두가 일정한 책임 의식을 가지고 좋은 화장품을 만들어가는 것이 무조건 화장품은 필요악이라고 비난하는 것보다 생산적일 것이다.

그렇다면 소비자로서 좋은 화장품을 구매할 수 있는 방법은 무엇일까? 바로 높은 기준을 세우고 꼼꼼하게 구매함으로써 화장품 회사가 그 기준을 따라가도록 만드는 것이다.

소비자 스스로 최상의 화장품을 사용하고자 노력해야 하는 이유도 첫째는 올바른 스킨케어를 하기 위해서, 두 번째 이유는 이것과 맞닿아있다. 여기서의 '최상' 이란 가격을 말하는 것이 아니다. 반드시 유명 브랜드를 말하는 것도 아니다. 소비자들이 만족할 만한 철학으로 좋은 성분으로 투명한 제조 방식을 고수하는 신뢰할 만한 화장품을 의미하는 것이다. 그러기 위해서는 이 책에서 제시한 지식들을 꼼꼼히 살피고 이를 실생활에서 응용하려는 노력이 필요하다.

나아가 좋은 화장품이란 결국 내 삶에 도움이 되는 화장품이어야 한다. 보다 생기 있는 삶의 요소가 되어야 한다. 그런 면에서 우리의 아름다움은 그 누구도, 그 어떤 화장품도 완벽히 만들어

줄 수 없음도 인정해야 한다.

피부는 우리의 사고와 생활의 질과도 긴밀하게 연관되어 있다. 평소 긍정적인 사고로 즐거운 생활을 해나가는 사람은 그 안색도 밝고 건강도 좋을 수밖에 없다. 아름다운 피부도 거기에 자연스럽게 따라오는 것이다.

그런 면에서 최상의 화장품이란, 화장품 자체의 품질과 직결되는 동시에 좋은 화장품을 골라 내 삶을 북돋고 더 아름다워지고자 하는 마음 그 자체인지도 모르겠다.

◆ 유명 화장품 또 유해물질 검출, 화장품 선택법은?

시중에 판매되고 있는 유명 화장품에서 발암물질이 발견돼 제품의 안전성에 적색 경보령이 내려졌다. 해외 유명 브랜드들의 화장품에서 피부트러블을 유발할 수 있는 성분들이 잇따라 검출되면서 소비자들의 우려가 높아지고 있는 실정이다.

최근 아토피 피부용 화장품으로 유명한 피지오겔 브랜드 자외선 차단제에서 발암물질이 검출돼 회사가 자진회수에

나섰다. 식품의약품안전청에 따르면 피지오겔 에이아이(AI) 선크림에서 발암물질인 니트로스아민이 검출됐다.

여성들 사이 대중화 된 화장품인 비비크림에도 피부질환을 유발할 수 있는 성분을 과다 사용했다는 분석결과가 보고됐다. 특히 국내 굴지의 화장품 브랜드인 아모레퍼시픽 제품에서도 식약청 고시에 100g당 7.5g으로 제한하고 있는 자외선차단 기능 '에칠헥실메톡시신나메이트'를 초과 사용했다고 발표되며 소비자들의 눈길을 끌고 있다.

소비자 입장에서는 '안전한 화장품'을 선택하기가 쉽지 않다. 이에 18일 전문가들의 조언을 통해 보다 안전한 제품을 선택하는 기준은 무엇이 있는지 알아보자.

◇ '화장품 전성분 표시제' 꼼꼼히 확인해야= 화장품 제조에 사용한 모든 성분은 '화장품 전성분 표시제'에 따라 용기에 표기돼 있다. 화장품에 가장 많이 들어 있는 성분이 성분표 맨 위에 적힌다. 1% 이하로 사용된 성분은 순서와 상관없이 뒤에 나열된다. 미백 기능성 화장품을 구입할 때 멜라닌 색소의 침착을 방지하는 알부틴 성분 목록이 위쪽에 있다면

함유량이 더 높은 것이다. 반대로 보존제의 일종인 파라벤은 피부에 좋은 성분이 아니기 때문에 성분표 아래쪽에 적힌 화장품을 고르는 것이 좋다.

김지현 그랜드피부과 원장은 "자외선 차단제의 경우 '에칠헥실메톡시신나메이트'와 '옥시벤존'은 민감성 피부에 자극을 줄 수 있는 성분이다. 옥시벤존은 직접 자외선을 흡수해 피부에 노출되는 자외선 양을 줄이기 때문에 자외선 차단제에 주로 사용되는데 피부에 흡수될 경우 활성산소를 만드는 등 민감한 피부에 트러블을 유발하므로, 피부가 약한 사람들은 무기 자외선 차단제 제품을 선택하는 것이 좋다"고 조언했다.

◇고가라고 맹신하면 안돼, '피부타입별' 제품 선택해야= 피부타입에 따라 좋은 성분과 피해야 할 성분도 꼼꼼하게 확인한다. 피지 분비가 많아 얼굴에 기름기가 도는 지성피부는 알코올이 과도하게 들어간 화장품을 사용할 경우 알코올이 피부를 자극해 피지가 더 많이 분비될 수 있으므로 주의해야 한다. 유분감이 많아 모공을 막는 에탄올, 시어 버터 등의 식물성 오일도 가급적 피한다.

건성피부의 경우 올리브, 카놀라, 해바라기, 호호바 성분 등 식물성 오일이 들어간 화장품을 고르는 것이 좋다. 이는 수분이 증발해 피부가 건조해지는 것을 막아주고 보습효과가 뛰어나기 때문이다. 민감성 피부일 경우 화장품을 고르기 전, 팔 안쪽에 소량을 발라본 뒤 트러블이 없는지 적합성 여부를 테스트해보고 구매하는 것을 권장한다.

전문가들은 고가의 제품이나 혹은 유명 브랜드들의 화장품이 무조건 좋다고만은 판단할 수 없다고 단언한다. 한 피부과 전문의는 자신에게 맞는 안전한 화장품을 사용하기 위해서는 무엇보다 꼼꼼하게 그 성분들을 확인하고 이에 대한 지식을 습득하는 것이 합리적인 구매로 연결될 수 있음을 염두에 둬야 한다고 조언했다.

국민일보 2012.09.18. 장윤형 기자

이젠, 기능성 화장품을 만나자

1) 확산되고 있는 기능성 화장품 시장

2) 왜, 기능성 화장품인가?

3) 기능성 화장품, 유효 성분은 무엇인가?

4) 기능성 화장품이 가진 놀라운 비밀은

5) 펩타이드 유체응용성분을 통해 피부를 개선할 수 있다

6) 기능성 화장품, 100% 활용법을 배우자

1) 확산되고 있는 기능성 화장품 시장

현대인의 화장품 소비는 날로 증가하는 추세이지만, 그중에서도 기능성 제품에 대한 관심은 매우 많습니다. 기능성 화장품이란 피부 미백이나 주름 개선, 자외선 차단 등 특정한 기능을 포함시킨 제품입니다.

이처럼 기능성 화장품으로 인정받기 위해서는 제조 시 공인된 관련 기관들에서 안전성 및 유효성을 검사 받게 되는데, 이처럼 인증을 받은 제품들은 각각의 기능들을 필요로 하는 소비자들에게 그 효능과 함께 피부를 개선하는 제품으로 자리 잡고 있습니다. 식약청이 발표한 자료에 따르면, 기능성 화장품은 2000년 7월 화장품법 시행 이후 매년 급성장해왔으며, 기능성 화장품 심사는 2001년 40여 업체에서 500여 품목에 불과하던 것이 2009년에는 250여 업체에서 6000여 품목(보고 품목 포함)이 심사를 받아 업체 수와 품목 수 모두 큰 폭으로 증가했습니다.

나아가 생산실적도 2001년 2700억 원에서 2009년에는 1조 2000억 원으로 4배 정도 급증하여 전체 화장품 시장에 25% 정도를 차지하는 등 질적이나 양적으로 급성장하고 있습니다.

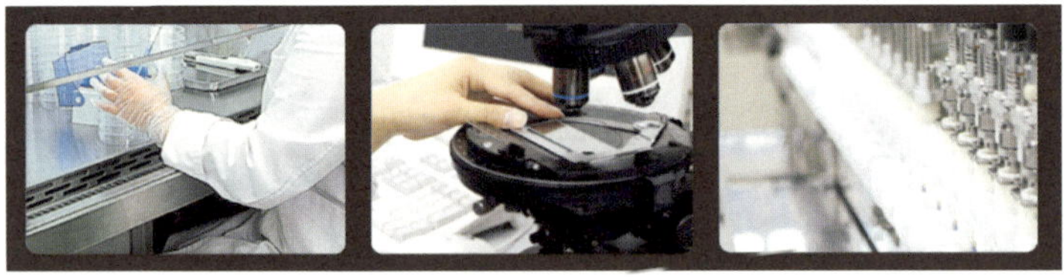

2) 왜, 기능성 화장품인가?

그렇다면 기능성 화장품이 이처럼 각광 받는 이유는 무엇일까요? 앞서도 말했듯이 기능성 화장품은 일반 화장품과는 달리 특정한 기능을 강조한 목적성을 가집니다. 나아가 화장품 회사들도 소비자들의 요구에 발맞추어 다양한 재료와 성분, 기능을 가진 제품들을 선보이고 있습니다.

예를 들어 주름 개선 기능성 제품은 대부분 콜라겐이나 펩타이드, 아데노신 등의 유효 성분을 포함하는 경우가 많으며, 미백의 경우 알부틴이나 나이아신아마이드 등의 신소재 성분이 사용됩니다. 또한 흡수 공법을 다르게 하여 피부의 흡수율을 높인다던지, 자외선 차단 기능을 통해 자외선 차단율을 높이기도 합니다.

또한 발효 과학 공법으로 피부 청정 기능과 미백을 강조한 발효 화장품과 같은 천연 재료를 이용한 기능성 화장품도 최근 각광 받고 있는 기능성 제품의 한 예로 들 수 있습니다.

특히 이 같은 천연 기능성 제품들은 화학물질의 위해가 염려되는 화장품 사용에 안전을 기할 수 있다는 점에서 더 큰 각광을 받고 있습니다.

3) 기능성 화장품, 유효 성분은 무엇인가?

기능성 화장품에서 가장 중요한 것은 바로 그 안에 포함된 유효 성분입니다. 우리의 피부 노화는 20대 중반부터 본격적으로 시작됩니다. 이렇게 노화가 진행되기 시작한 피부는 다양한 변화를 겪는데, 그 변화는 주름만이 아닙니다. 나이가 들어가면서 우리 피부는 수분 함량이 떨어지고 투명도도 저하됩니다.

무엇보다도 노화가 가속화되면 피부 속의 콜라겐과 엘라스틴 양이 감소되기 시작하며 피부 구조 또한 약해지고, 이로 인해 주름이 생기고 피부 표면도 거칠어지게 됩니다.

이때 다양한 식물 성분 및 멀티펩타이드 등 피부 탄력과 윤기, 미백과 주름 개선 등을 도모해주는 유효 성분이 포함된 제품을 사용하면 피부 노화를 늦추고 방지하는 효과를 기대할 수 있습니다. 다음은 피부 노화 방지를 도와주는 유효 성분과 효과를 정리한 것입니다.

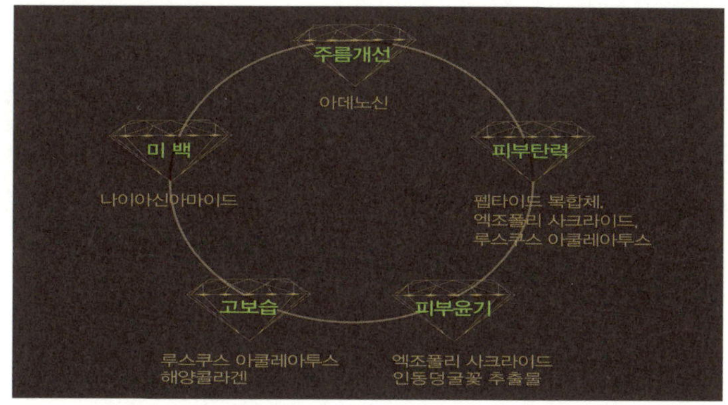

4) 기능성 화장품이 가진 놀라운 비밀은

다음의 성분들은 기능성 화장품들에 포함되는 주요 성분들로서 특정 화장품을 기능성 화장품으로 인정받게 하는 중요한 핵심 성분들입니다. 각각의 효능을 제대로 숙지하고 여러분이 사용하고자 하는 제품과 비교해보시기 바랍니다.

● 아세틸 핵사펩타이드 - 3

무독성의 아미노 펩타이드로서, 피부 초기 노화의 징후를 완화시켜 피부 탄력에 탁월한 효과를 냅니다. 기존의 보톡스 성분에 의한 부작용(알러지 반응, 얼굴 근육 마비, 눈꺼풀 처짐 등)의 우려를 제거한 대체 물질로서 무독성, 무해성 물질이며 주름 근육에 연결된 신경세포의 신호 전달 과정을 조절함으로써 피부의 탄력을 증가시키며 노화 방지 효능을 가집니다. 저 분자구조의 펩타이드로 피부 속 깊이 침투하여 근육 신경에 피부 탄력을 증가시켜 단시간에 효과를 확인할 수 있습니다.

● 팔미토일 펜타펩타이드 - 3

무독성과 무해성의 단백질 구성 성분으로서, 콜라겐 단백질의 생성을 촉진하여 피부 탄력을 증가시키며 뛰어난 보습력을 가집니다.

● 엑조폴리 사크라이드

대서양 연안의 청정해역에서 자생하는 다크 그린 알개(해조류)를 섭취한 플랑크톤 미생물이 생성하는 신비의 물질로서, 피부 속 콜라겐과 엘라스틴의 생성을 20% 이상 촉진시켜 피부탄력에 탁월하며 천연 보습제의 역할을 합니다.

● 루스쿠스 아쿨레아투스 뿌리 추출물

지중해 연안의 청정해역에서 자생하는 백합과의 상록 소관목으로, 잎 위에 꽃이 피며 꽃이 핀 자리에 붉은색의 둥근 열매가 열리는 희귀식물입니다. 뿌리에서 추출된 성분은 피부탄력, 항산화 작욕, 피부 보습에 탁월합니다.

● 인동덩굴꽃 추출물

금은화 또는 인동초라고도 하며 추운 겨울에도 시들지 않는다고 알려져 있습니다. 피부 노화의 주요인인 유해산소 제거 및 활성억제를 통해 피부노화 예방 효과를 가집니다. 피부 트러블을 효과적으로 진정시키고 탁월한 수렴작용은 피부를 유연하고 맑게 유지시킵니다.

● 아데노신

주름개선기능성 인증 성부능로서, 눈가와 입가 등 얼굴 전체 및 목 주위의 주름 개선에 도움을 주며, 정체되기 쉬운 피부대사를 원활하게 해주어 피부에 활력을 부여합니다.

● 나이아신 아마이드

미백기능성 인증 성분으로서, 피부색소를 침착시키는 물질인 멜라닌의 생성을 억제함으로써 치부의 칙칙함을 개선시키고 맑고 환한 피부톤으로 만들어줍니다.

● 해양콜라겐

저분자 구조로 가공됨으로써 피부 침투율을 최대화하여 세포와 세포 사이에 콜라겐을 안전하게 흡수시켜주어 피부를 탄력 있고 촉촉하게 만들어줍니다.

● 호모베타 글루칸

우수한 항산화 성분으로서 버섯 및 효모의 세포벽 등에 존재하는 물질로 50% 이상이 단백질로 이루어져 있으며 필수아미노산이 다량 함유되어 있습니다. 피부보호 기능으로 피부를 탄력 있고 부드럽게 유지시켜 줍니다.

기능성 제품 구매시 시험 성적서 확인 후 구매

시 험 성 적 서

한 국 식 품 연 구 소 장

5) 펩타이드 유체응용성분을 통해 피부를 개선할 수 있다

앞서 우리는 펩타이드 유체응용성분에 대해 살펴보았습니다. 우리가 사용하는 대부분의 화장품은 피부 표면에 머물 뿐 그 영양 성분이 피부 깊숙이 침투하기 어렵습니다. 이는 우리의 피부가 단순 층이 아닌 각질층, 표피층, 기처층, 진피층 여러 겹으로 이루어져 있기 때문입니다. 즉 화장품의 영양 성분이 깊숙이 침투하려면 그 분자 구조가 세밀해야 가능합니다.

이때 펩타이드 유체응용성분은 피부의 콜라겐 층을 단단하게 만들어주는 펩타이드 구성물질인 콜라겐 단백질의 분자를 최소 단위로 쪼개어 침투시키는 성분으로서, 피부 속 깊숙이 펩타이드 성분을 전달시켜 영양 에너지를 궁급하면 주름 개선 및 피부 탄력 효과가 극대화될 수 있습니다.

나아가 진정한 천연 기능성 화장품은 절대적으로 피해야 하는 다음의 7가지 유해 성분을 배제하여 민감성 피부에도 문제없이 사용할 수 있어야 합니다.

☑ 인공색소　　☑ 미네랄오일　　☑ 벤조페논　　☑ 파라벤
☑ 프탈레이트　　☑ 아크릴 아마이드　　☑ 프로필렌클리콜

6) 기능성 화장품, 100% 활용법을 배우자

아무리 좋은 제품도 제대로 사용하는 법을 모르면 그 효과가 반감됩니다. 다음은 식품의약품안전평가원이 권하는 기능성 화장품 활용법으로 숙지해두면 도움이 될 것입니다.

첫째, 기능성 화장품의 성분은 안전성, 유효성을 검증하였으나, 최적의 효능을 얻기 위해서는 사용설명서에 기재된 사용법을 잘 따르는 것이 좋습니다.

둘째, 스킨, 로션, 크림, 자외선 차단제 등 각각의 기능성 제품들의 경우 동일한 라인을 사용하면 더 효과적입니다.

셋째, 기능성 제품을 쓸 때는 각각의 유효성분이 내 피부에 맞는지 함께 서도 좋은지 꼼꼼하게 따져보고 제품을 구입해야 합니다.

연이어 다음 장에서는 기능성 화장품에 대한 사례와 함께 질문과 대답을 통해 실생활에서 기능성 제품을 활용하는 활용법을 배워보도록 하겠습니다.

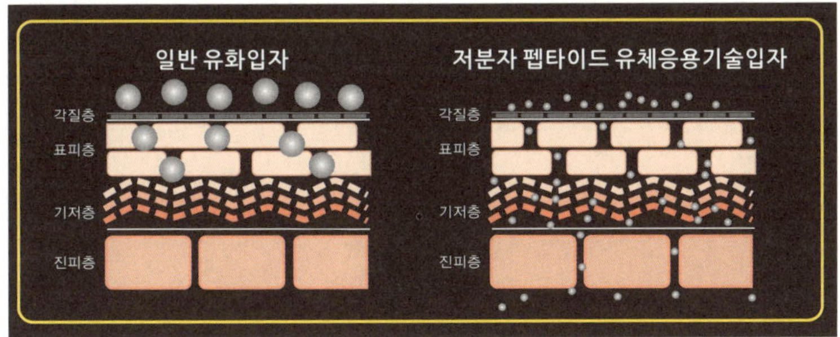

건강의 재발견 벗겨봐

김용범 지음/ 272쪽 /13,500원

섣부른 의학 지식과 상식의 허점을 밝히며, 증명된 치료법도 수위와 내용이 조금씩 다르고 서로 다른 환경에서 받아들여야 하므로, 이를 맹신하는 것은 위험하다고 지적한다.

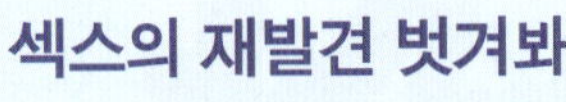

음식의 재발견 벗겨봐

김권제 지음 / 288쪽 / 값 13,500원

섹스의 재발견 벗겨봐

조명준 지음 / 312 쪽 / 값 13,800원

20년 젊어지는 비법 1

우병호 지음 / 380쪽 / 값 15,000원

20년 젊어지는 비법 2

우병호 지음 / 392쪽 / 값 15,000원

암에 걸려도 살 수 있다

조기용 지음 / 255쪽 /

200만 암환자에게 전

'난치성 질환에 치료
인 조기용 박사는 자
고, 이를 통해 많은
적을 경험한 바 있
습관을 동시에 바로
의학계에 새바람을

효소건강법

임성은 지음 / 264

당신의 병이 낫지
병원, 의사에게 벗
목하라!! 효소는
명 물질이다. 이
관과 식습관을 조
수명, 즉 천수를
고 있다.

건강 식단은 '개인별 맞춤식 식단'에서 시작
잘못된 다이어트 상식, 당신을 병들게 한다

건강 적신호를

① **누구나 쉽게 접**
일상 속의 작은
지표를 제시합니

② **한 권씩 읽을 때**
오랜 시간 검증된
수 있도록 구성된

③ **요즘 외국의 건**
가정의학부터 영
맞는 건강법을 제

5장

체험 보기

사용 전　　　　　　　사용 후

사용 전　　　　　　　사용 후

사용 전 　　　　　　　사용 후

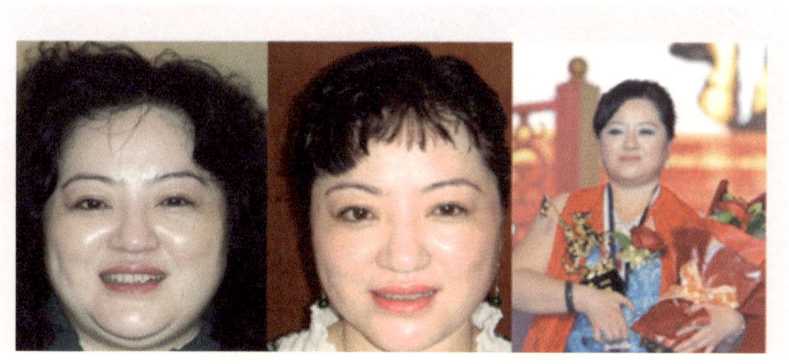

사용 전 　　　　　　　사용 후

사용 전

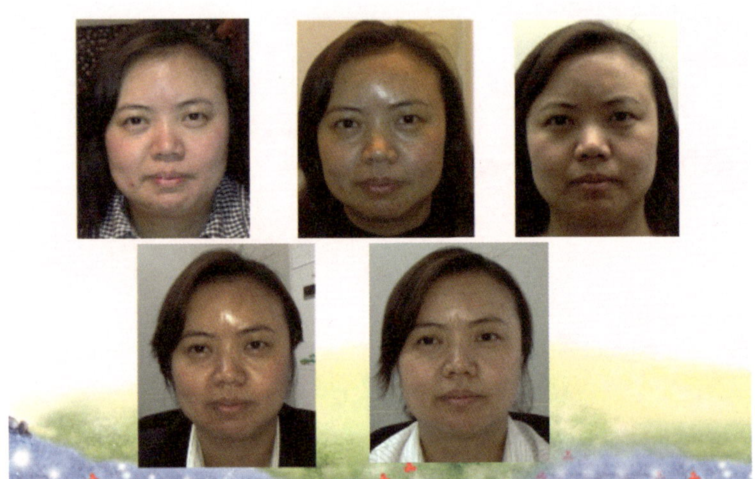

사용 후

사용 전　　　　　사용 후

박순기

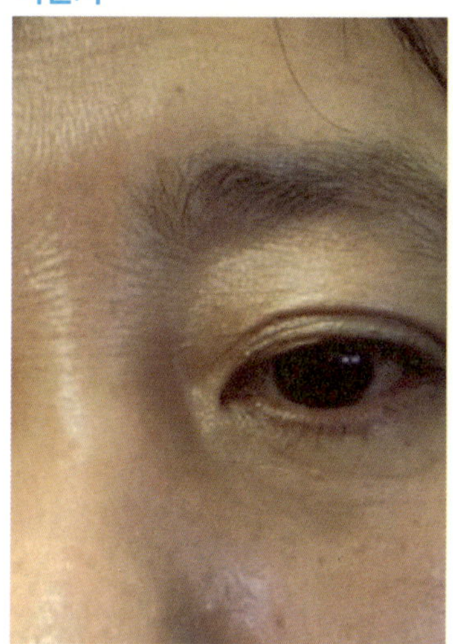 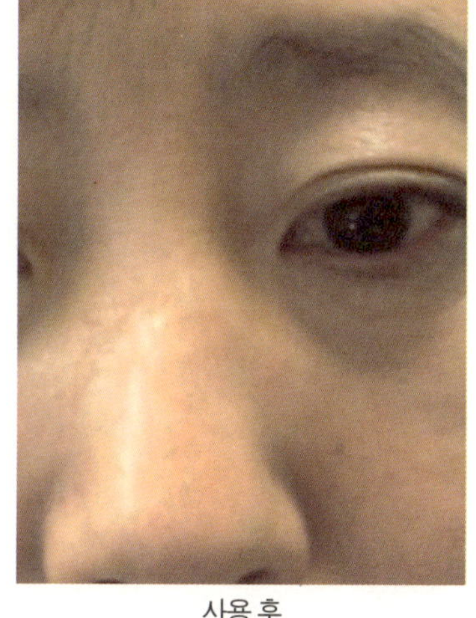

사용 전 사용 후

전명옥

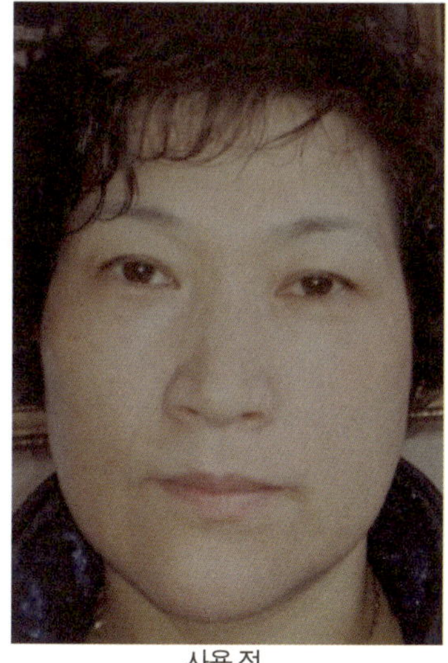 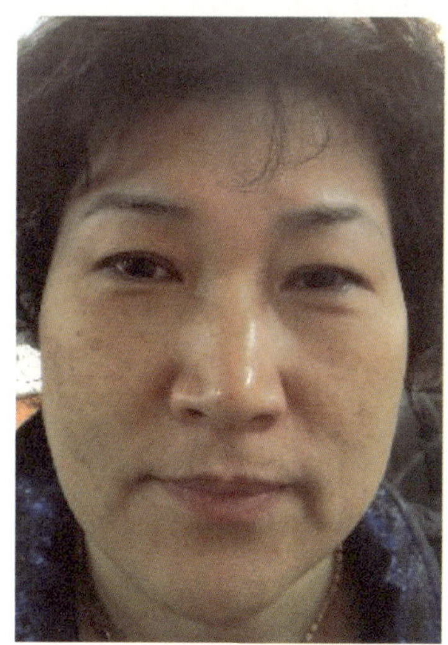

사용 전 사용 후

한혜경

사용 전

사용 후

고나연

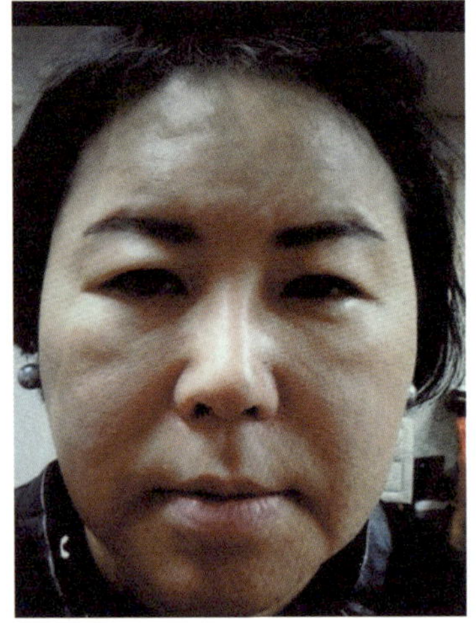

사용 전

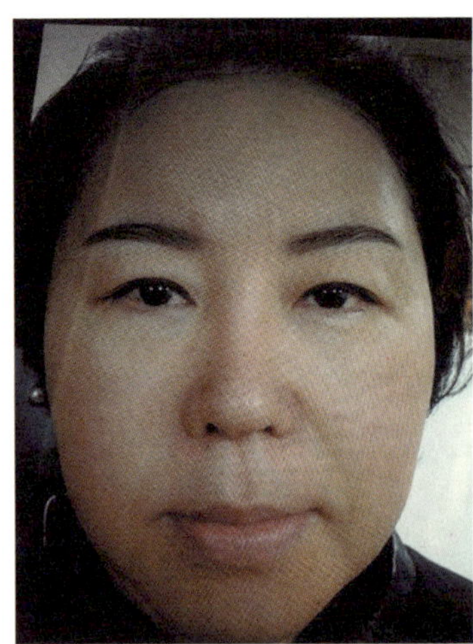

사용 후

6장

기능성 화장품,
무엇이든 물어보세요

Q : 기능성 화장품의 사용 연령대는 어떻게 되는지요?

A : 기능성 화장품은 남녀노소 누구나 사용할 수 있습니다. 특히, 30대 이상의 피부노화가 빠르게 진행되고 있는 분, 잔주름, 거친 피부가 걱정이거나 안색이 칙칙하신 분, 피부에 탄력이 없으신 분, 모공이 크신 분, 피부가 건조하고 칙칙하며 누런빛을 띠는 분 등의 상태를 개선시키며, 탁월한 효과를 발휘합니다.

Q : 기능성 화장품은 어느 정도 사용해야 효과가 있습니까?

A : 개인의 피부 상황에 따라 다르며, 사용 시간의 길고 짧음에 따라 다소 차이가 있을 수 있습니다. 피부노화가 많이 진행되어 있는 사람은 대략 1개월 정도면 효과가 나타나기 시작하며, 사용 후 3개월 정도면 눈에 띄는 효과를 확인할 수 있습니다.

**Q : 혹시 특별한 세안제를 사용해야 하나요? 정확한 사용방법은
무엇인지 알고 싶어요.**

A : 기능성 화장품을 사용한다고 특별한 세안 제품을 사용하실 필요는 없습니다. 제품을 사용 시에는 매일 아침, 점심, 저녁

세안 후 사용하며 건조함을 느낄 때는 언제라도 사용할 수 있습니다.

Q : 민감성 피부입니다. 기능성 화장품을 사용해도 문제가 없을까요?

A : 천연추출물 및 무향료, 무알코올, 무색소를 표방하고 유화제와 인공 방부제를 넣지 않은 제품이라면 민감한 피부에도 문제없이 사용 가능하며, 과민반응이 일어나는 분은 극소수일 것입니다. 다만 제품 사용 후 만일 24시간 이내에 화끈거림, 통증, 물집, 홍반 등의 증상이 나타나면 사용을 중지하고 피부과 의사와 상담해야 합니다.

**Q : 사용 후 모공이 넓어진다는 후기, 뾰루지와 가려움이 나타난다는
의견이 있던데 문제가 있는 것인가요?**

A : 이런 현상은 아주 건조한 날씨에 나타나는 현상인데, 원인은 피부표피에 수분이 부족하여 모공이 수분을 공급받기 위해 열리는 현상입니다.

나아가 뾰루지가 나타나는 것은 첫째, 고객의 피부가 지성피부일 경우입니다. 피지선이 지나치게 발달하여 피지 분비가 많아

나타나는 현상인데, 개선될 때까지 제품 사용 전 피부를 청결히 하고 사용량을 적게 하여 하루에 한번만 사용합니다.

둘째, 고객이 사용하는 타 제품에 화학 성분이나 유해 물질이 들어 있는 경우에도 뾰루지를 유발할 수 있습니다. 이는 천연 기능성 화장품 사용 후 디톡스 효과로 나타날 수 있는 개선 단계의 현상입니다. 이 증상은 제품을 사용하고 10일 정도 경과하면 개선될 수 있습니다.

셋째, 포함된 성분 중에 루스쿠스아쿨레아투스처럼 혈관 확장을 유도하는 성분으로 인한 반응일 수 있습니다. 혈관이 확장되면 피부 온도가 올라가면서 피부 자생 작용이 활발해지고, 이에 반응해 피부에서는 일종의 물주머니를 만들어 피부 온도를 낮추게 되는데 그 과정에서 독소들이 모여 배출되면서 뾰루지가 생성될 수 있습니다.

넷째, 소수이지만 콜라겐 단백질에 극도로 민감한 피부는 콜라겐이 포함된 기능성 제품을 사용할 경우, 사용을 중지하는 것이 좋습니다.

한편 가려움증의 원인은 피부의 대사 활성 결과입니다. 피부 신진대사가 빨라지고 오래된 피부 각질이 떨어져 새로운 피부 세포가 생성되면 잠시 가려움증이 나타날 수 있는데, 이러한 증상은 일정 시간이 지나면 사라질 수 있습니다. 다만 첫 증상이 발현된 이후에는 증상이 사라진 뒤에 다시 사용하는 것이 좋고, 며칠이 지나도 가려움증이 가라앉지 않는다면 사용을 중지해주시기 바랍니다.

Q : 탁월한 효과를 내는 제품의 경우, 오히려 즉각적인 효과를 내는 유해 성분이 많이 포함되었을 수 있다는 이야기를 들었습니다.

A : 유독한 화학물질은 피부에 손상을 가져올 수 있습니다. 식약청에서 안전성에 대한 승인을 필한 제품, 식약청이 지정한 화장품 품질테스트기관인 '한국식품연구소' 에서 테스트를 완료하여 안전한 제품임이 증명된 것만을 사용하시기 바랍니다.

Q : 천연 기능성 화장품의 pH 정도를 알고 싶어요.

A : 호르몬제, 알코올 등의 성분이 들어있지는 않은 기능성 화장품이라면 pH가 피부 상태와 거의 같은 약산성으로써 피부에 자극을 주지 않습니다.

Q : 데일리 색조화장 전후에 사용해도 될까요?

A : 색조화장 전후에 사용 가능한 제품을 선정하려면 메이크업을 고려한 제품을 사용하셔야 합니다. 이 사용 후 색조화장을 하셔도 보습 및 수렴효과로 인해 더욱 뛰어난 색조화장 효과를 경험하실 수 있으며, 색조화장 후에도 건조함을 느끼실 때 수시로 사용하면 보습효과를 느낄 수 있습니다. 단, 사용하신 색조화장품이 다량의 화학 성분으로 구성된 제품이라면 사용을 가급적 줄여주시고 부작용에 주의하여 사용하시기 바랍니다.

화장을 지울 때는 잔여물이 남지 않도록 완벽히 클렌징을 해주어야 하며 이 과정은 건강한 피부를 위해 꼭 필요한 과정입니다.

화장품, 똑똑하게 골라 현명하게 사용하자

화장의 역사가 아주 오래되었다는 것은 잘 알려진 사실이다. 문명이 고도로 발달하기 전에도, 사람들은 더 아름답게 보이기 위해, 유해 환경으로부터 피부를 보호하기 위해 붉은 빛깔이 나는 흙이나 자연에서 얻는 씨앗의 분, 식물의 즙 등을 이용해 화장품을 만들어 사용했다. 화장의 역사는 이처럼 오래되었고 자생적으로 발생한 행위인 만큼, 현대의 많은 여성들이 화장에 공을 들이고 다양한 화장품을 사용하는 것도 본능의 연장이라고 할 수 있다.

문제는 화장품의 기능과 목적이다. 화장품의 기능과 목적은 사실 단순하다. 그것을 사용하는 사람을 더 아름답게 만들어주는 것이다.

이런 기능에 부응해 화장품은 여성, 심지어 남녀노소의 필수품으로 자리 잡았으며, 수많은 사람들이 화장품이 유해환경으로부터 피부를 보호해줄 것이라 믿으며 다양한 화장품을 사용한다. 그렇다면 요즘 시중에 나오고 있는 화장품들은 정말로 여성들을 아름답게 만들기 위해 존재하는가? 아니면 화장품 회사들의 이익을 위해 존재하는가?

지금도 화장품을 사용하고 있고, 앞으로도 화장품을 사용할 생각인 사람이라면, 반드시 이 질문에 대답해봐야 할 것이다.

화장품 홍수의 시대

최근, 쇼핑몰을 가도, 나아가 동네는 물론 시내 길거리 어디에나 자리 잡고 있는 것이 코스메틱 숍이다. 심지어 명동 같은 시내의 인파가 많은 곳에서는 한 집 건너 하나가 화장품 가게인 경우도 많다. 그뿐인가. 잡지나 신문, 텔레비전 같은 매스미디어에도 수많은 화장품 광고가 쏟아져 나온다.

그렇게 시중에 쏟아져 나오는 브랜드 수만 해도 셀 수 없을 정도인데, 한 브랜드에서 내놓는 제품 수마저도 어마어마하다. 대체 이 작은 얼굴에 왜 이렇게 많은 화장품을 발라야 할까 의문이 들 수밖에 없다.

나아가 소비자들은 선택에도 혼란을 느낀다. 모든 브랜드가 자신들의 제품이야말로 최고이며, 우리의 피부를 혁신적으로 개선

해줄 것이라고 장담한다. 그러니 이 화장품, 저 화장품 모두 구입해 사용하면서 피부에 불필요한 덧칠을 하고 있다.

이는 소비적 측면에서는 지나친 낭비이며, 피부에게는 과식과 같은 일이다. 온갖 화장품에 중독된 피부는 스스로 활성화하고 재생하는 힘을 잃어버림으로써 빨리 노화하게 된다. 화장대는 수 없는 제품으로 가득 차고 있는데 피부는 오히려 지치고 손상된다. 이 딜레마를 어떻게 바라봐야 할까?

서서히 밝혀지는 화장품의 딜레마

최근 화장품의 진실을 밝힌 다양한 서적들이 출간되고 있는 상황도, 이 같은 딜레마에 대한 반응인 듯하다. 화장품을 사용할수록 피부가 망가지는 사태가 벌어지니, 대체 화장품들이 어떤 원료로 어떤 과정을 거쳐 만들어지는지 살펴보지 않을 수 없다.

그리고 지금까지 알려진 사실만 봐도 상황은 심각하다. 시중에 판매되는 거의 모든 화장품에 인체에 유해한 방부제, 유화제, 계면활성제, 증점제 등이 포함된다는 사실이 밝혀졌을 뿐더러, 그 좋다는 화장품들의 제조 원가가 화장품 가격의 최대 5%에 불과하다는 것 또한 만천하에 공개되었다. 지금껏 비밀 속에 감춰져 있던 화장품의 딜레마가 드러난 것이다.

　그런데 이에 대한 화장품 회사들의 변명은 궁색하기 짝이 없다. 그 성분은 극히 일부이니 결코 인체에 해를 미치지 않으며, 화장품의 연구개발비 역시 화장품 가격에 포함되어 있다는 것이다. 과연 여러분은 이 변명에 대해 어떻게 생각하는가?

유해물질 범벅 화장품, 계속 사용할 것인가?

　앞선 본문에서 우리는 화장품의 유독 물질이 가져올 수 있는 다양한 해악들을 살펴보고, 이를 피할 수 있는 방법 또한 강구해 왔다. 하지만 아직도 많은 사람들이 화장품의 전 성분 표시를 확인하지 않거나, 확인하더라도 "이 정도야 괜찮겠지" 생각하며 관대하게 넘어간다.

　하지만 유해물질을 해악은 우리가 생각하는 것보다 훨씬 강력하다. 현대 사회 자체가 유해환경인 것은 사실이다. 비단 화장품이 아니더라도 실내, 실외 어디에나 일상적으로 존재하는 다른 유해물질들이 적지 않다. 그렇다면 여러분은 이 유해물질에 화장품이 포함하고 있는 독까지 더하고 싶은가?

　나아가 화장품은 거의 24시간 우리 피부에 밀착되어 있는 물질이다. 만일 화장품에 유해물질이 포함되어 있을 경우 이것이 계속해서 피부에 영향을 미치고, 나아가 피부 속으로 침투한다는 의미이다. 상황이 이런데도 화장품의 유해물질에 관대해질 수 있겠는가?

올바른 화장품 정보가 당신의 피부를 바꾼다

이제 여러분은 새로운 선택을 해야 한다. 과연 해로운 물질이 포함된 것을 알면서, 광고는 진실이 아님을 알면서, 또는 비싼 화장품의 제조원가가 5% 이하인 것을 알면서도 그 화장품을 계속 사용할 것인가?

일부 피부 전문가는 유해물질이 포함된 화장품, 지나친 화장품 남용은 화장품을 사용하지 않는 것만 못하다고 경고하고 있다. 우리는 이 경고를 무시하지 말아야 할 것이다. 나아가 비단 전문가가 아니라도, 인터넷의 화장품 유해 정보를 찾아보면 그간 우리가 몰랐던 화장품의 어두운 그늘에 대한 정보들을 얼마든지 발견할 수 있다.

특히 화장품은 가족 중에 한두 사람만이 사용하는 것이 아니다. 집안 구성원 거의 모두가 사용하는 것인 만큼 한 사람이 올바른 정보를 습득하고 그것을 철저히 지켜나가는 일이 필요하다. 가족 구성원 중에 한 사람이 원칙을 지키면, 나머지 사람들도 그것을 따라서 배우게 된다. 결국 똑똑하게 알아보고 현명하게 고르는 화장품이 가족들의 건강까지 담보할 수 있다는 의미이다.

화장품 선택, 결코 가벼운 일이 아니다

이 책은 화장품에 대한 지나친 환상을 깨는 동시에, 진정 피부에 도움이 되는 화장품을 올바로 선택할 수 있는 안목을 위해 제작된 것이다. 나아가 독소에 찌들었던 피부 건강을 자연스레 회복할 수 있는 다양한 방법 또한 제시했다.

노화는 어쩔 수 없는 현상이다. 지나치게 노화에 연연하는 것은 오히려 정신건강을 해칠 뿐더러, 피부에도 도움이 되지 않는다. 다만 자연이 내린 다양한 성분들을 적절히 사용해 밝고 건강한 안색을 가질 수 있도록 돕는 화장품 또한 얼마든지 있음을 알아둘 필요가 있다. 가격이 지나치게 비싸지 않아도, 과도한 광고를 하지 않아도, 피부에 즉효를 낸다는 유해물질을 포함하지 않아도, 이런 화장품들이 줄 수 있는 효과는 브랜드 화장품 못잖거나 오히려 넘어서기도 한다.

누구도 자신의 인생을 타인에게 맡기지 않는다. 마찬가지로 자신의 피부를 진정 위하는 선택은 그 자신만이 할 수 있는 것이다. 지금부터 "화장품은 그저 적당한 것 쓰면 되지 않나." 하는 생각은 버리자. 우리 피부는 우리 신체의 일부이며, 건강을 지키기 위한 주요 부위, 나아가 밝거나 어두운 안색으로 인상을 결정짓는 우리의 간판이다. 지금부터 보다 신중한 선택을 통해 나 자신의 피부는 물론 가족의 피부 건강을 지켜가도록 하자.